Männel · Mengenrabatte
in der entscheidungsorientierten Erlösrechnung

Deckungsbeitragsrechnung und Unternehmungsführung
Herausgegeben von Prof. Dr. Paul Riebel
und Prof. Dr. Wolfgang Männel
Band 4

Wolfgang Männel

Mengenrabatte in der entscheidungsorientierten Erlösrechnung

Westdeutscher Verlag

Umschlaggestaltung: Hanswerner Klein, Opladen
Satz: Gunter Hartmann, Braunshardt

ISBN 978-3-531-11207-7 ISBN 978-3-322-85944-0 (eBook)
DOI 10.1007/ 978-3-322-85944-0

Inhalt

Verzeichnis der Abbildungen und Tabellen

Abbildungen

Tabellen

Abkürzungsverzeichnis

Aufl.	Auflage
ders.	derselbe
dergl.	dergleichen
Diss.	Dissertation
f.	und die folgende Seite
ff.	und die folgenden Seiten
H.	Heft
hrsg.	herausgegeben
insbes.	insbesondere
Jg.	Jahrgang
N.F.	Neue Folge
Nr.	Nummer
o.J.	ohne Jahresangabe
o.O.	ohne Ortsangabe
S.	Seite
Sp.	Spalte
u.a.	unter anderem
v.a.	vor allem
vgl.	vergleiche
ZfB	Zeitschrift für Betriebswirtschaft
ZfbF	Schmalenbachs Zeitschrift für betriebswirtschaftliche Forschung
ZfhF	Zeitschrift für handelswissenschaftliche Forschung

I. Einführung

Es gibt kaum einen Wirtschaftszweig, der nicht auf irgendeine Weise vom absatzpolitischen Instrument der Preisdifferenzierung Gebrauch macht, also die gleiche Leistungsart bei verschiedenen Anlässen bzw. auf verschiedenen Teilmärkten zu unterschiedlichen Preisen anbietet[1].
Neben einer Differenzierung der Preise nach unterschiedlich kaufkräftigen Abnehmergruppen, nach verschiedenen Verwendungszwecken (z.B. danach, ob das betreffende Gut weiterverarbeitet bzw. weiterverkauft oder unmittelbar konsumiert

1 Zum Wesen und den verschiedenen Formen der Preisdifferenzierung sowie zu den Gründen, die für ein solches absatzpolitisches Verhalten ausschlaggebend sein können, siehe vor allem *Michalski, Kurt*: Das Prinzip der Preisdifferenzierung, Leipzig 1932. – *Berger, Albert*: Preisdifferenzierung, Diss. Köln 1933. – *Krügel, Hans*: Preisdifferenzierung, Diss. Berlin 1936. – *von Stackelberg, H.*: Preisdiskrimination bei willkürlicher Teilung des Marktes, in: Archiv für mathematische Wirtschafts- und Sozialforschung, Bd. V (1939), S. 1–11. – *Böhning, Karl*: Möglichkeiten und Grenzen der betriebswirtschaftlichen Preisdifferenzierung, Diss. Frankfurt/M. 1952. – *Weber, K.*: Zur Frage der Preisdifferenzierung bei Einproduktunternehmungen, in: Schweizerische Zeitschrift für Volkswirtschaft und Statistik, Jg. 1956, S. 17 ff. – *Vormbaum, Herbert*: Differenzierte Preise – Differenzierte Preisforderungen als Mittel der Betriebspolitik, Köln und Opladen 1960. – *Köhler, Udo*: Die Theorie der Preisdiskriminierung in dogmengeschichtlicher Sicht, Diss. Köln 1961. – *Jacob, H.* und *Jacob, M.*: Preidifferenzierung bei willkürlicher Teilung des Marktes und ihre Verwirklichung mit Hilfe der Produktdifferenzierung, in: Jahrbücher für Nationalökonomie und Statistik, Bd. 174 (1962), S. 1 ff. – *Schultes, Werner*: Preisdifferenzierung unter wettbewerbspolitischem Aspekt, Köln – Berlin – Bonn – München 1963. – *Ellinghaus, Ulrich W.*: Die Grundlagen der Theorie der Preisdifferenzierung, Tübingen 1964. – *Schmid, Lothar M.*: Grundlagen und Formen der Preisdifferenzierung im Lichte der Marktformenlehre und der Verhaltenstheorie, Berlin 1965. – *Groenewald, Horst*: Grundzüge regionaler Preisdifferenzierung – Analytische Darstellung am Beispiel eines Monopolbetriebes, Meisenheim am Glan 1968.
In den eben zitierten Schriften wird der Begriff Preisdifferenzierung allerdings nicht immer im oben genannten Sinne gebraucht, sondern teilweise auch wesentlich weiter gefaßt. Vormbaum und Schmid sehen den Tatbestand der Preisdifferenzierung z.B. auch dann als gegeben, wenn gleichen Preisen verschiedene Kosten gegenüberstehen, bzw. wenn Unterschiede in den Preisforderungen für gleiche oder ähnliche Güter nicht durch entsprechende Kostenunterschiede bedingt sind. Diese Definition ist jedoch äußerst unzweckmäßig, schon deshalb, weil auf diese Weise die Preisdifferenzierung zum Regelfall erklärt wird. Abgesehen davon widerspricht sie dem üblichen Sprachgebrauch, der es nicht zuläßt, gleiche Preisforderungen als „differenziert" zu bezeichnen. Vor allem aber haftet ihr der Mangel an, daß sie auf der Vorstellung basiert, man könne für die einzelnen Produkte bzw. Produktvarianten eindeutige „Selbstkosten" bestimmen. Kritische Einwände dieser Art findet man auch bei *Schlüter, Manfred*: Preisdifferenzierung im Lichte der Marktformenlehre und Verhaltenstheorie; Ein Besprechungsaufsatz, in: ZfB, 37. Jg. (1967), Nr. 3, S. 216–220, hier S. 216 f. sowie bei *Becker, Hans Dietrich*: Die Anforderungen der Preispolitik an die Gestaltung der Kostenrechnung, Diss. Frankfurt/Main 1962, S. 54 f. und *Fröhlich, Klaus-Georg*: Preispolitik und Kalkulation im Buchverlag, Stuttgart 1964, S. 42.

wird), nach geographischen Gebieten (z.B. zwischen In- und Ausland) sowie nach zeitlichen Gesichtspunkten (z.B. zwischen Hochsaison und Zeiten einer geringen Nachfrage) kommt in der Praxis vor allem der *mengenmäßigen Preisdifferenzierung* eine große Bedeutung zu[2]: Den Kunden werden für größere Abnahmemengen niedrigere Preise pro Leistungseinheit eingeräumt.

Dieses Ziel läßt sich auf verschiedenen Wegen erreichen, nicht nur durch eine *direkte Abstufung der Preise* oder durch eine *Spaltung des Preises* in eine mengenunabhängige und eine mengenabhängige Komponente[3], sondern vor allem auch *indirekt* dadurch, daß man einen bestimmten Basispreis (Listenpreis) fixiert und dann hierauf absatzmengenabhängige Zu- oder Abschläge berechnet. Wegen der verkaufspsychologisch ungünstigeren Wirkung von Zuschlägen[4] sind die *absatzmengenabhängigen Abschläge* weiter verbreitet. Sie werden (einschließlich der absatzwertabhängigen Preisnachlässe) in der Regel – und so auch hier – unter dem Oberbegriff *„Mengenrabatte"* zusammengefaßt.

Die Theorie der Preisdifferenzierung hat diese Art von Rabatten stark vernachlässigt. Erst in jüngster Zeit bemühte man sich, die wesentlichen Bestimmungsfaktoren für eine gewinnmaximale Rabattierung aufzuzeigen und Vorschläge für eine opti-

2 Vgl. hierzu vor allem *Vormbaum, Herbert*: Differenzierte Preise, S. 105–112. – *Fiuczynski, Hans-W.*: Die Produkt- und Preispolitik der Markenartikelhersteller, Freiburg i.Br. 1960, S. 188–195. – *Ders.*: Zur Rabattpolitik der Markenartikelhersteller, in: Der Markenartikel, 23. Jg. (1961), S. 715–737, hier vor allem S. 726 ff. – *Gygax, F. E.*: Preiskonditionen zur Lenkung und Steigerung des Absatzes – Eine betriebswirtschaftliche Studie, Bern 1948, S. 102–113. – *Krügel, H.*: Preisdifferenzierung, S. 36 f., 46 u. 126–129. – *Berger, A.*: Preisdifferenzierung, S. 80–88. – *Schmidt, Lothar M.*: Grundlagen und Formen der Preisdifferenzierung, S. 129 f. – *Koch, Waldemar*: Grundlagen und Technik des Vertriebs, Band II, Berlin 1950, S. 470–473. – *Batzer, Erich*: Zur Bedeutung und Problematik des Funktionsrabattes, Berlin – München 1962, S. 13–15. – *Becker, H. D.*: Die Anforderungen der Preispolitik an die Gestaltung der Kostenrechnung, S. 57. – *Scheele, Walter*: Verkaufsaktive Preis- und Rabattpolitik, München 1968, S. 281–286. – *Meyer, Carl W.*: Grundzüge moderner Vertriebspolitik; Marketing-Maßnahmen, Berlin 1967, S. 45 f. – *Boulding, Kenneth E.*: Economic Analysis, 3rd. Ed., London 1955, S. 612. – *Sonnemann, Kurt*: Die Beschaffung, in: Moderner Ratgeber des Kaufmanns, hrsg. v. Ludwig Steinherr, München 1969, S. 192–234, hier S. 209 f. – *Krasenski, Hans*: Rabatte und Boni, in: Handwörterbuch der Betriebswirtschaft, 3. Aufl., Band III, hrsg. v. Hans Seischab und Karl Schwantag, Stuttgart 1960, Sp. 4519–4524.

3 Vgl. hierzu vor allem *Ohse, Hermann*: Wirtschaftliche Probleme industrieller Sortenfertigung, Köln und Opladen 1963, 1. Band, S. 493–495. – *Böhm, Hans-Hermann*: Wirtschaftliche Programmplanung nach Auftragsgrößen und Sorten durch Kalkulieren mit Standard-Grenzpreisen und Deckungsbeiträgen, in: Taschenbuch für den Betriebswirt 1960, bearbeitet von Erich Schnaufer und Gerhard Rode, Berlin – Baden-Baden 1960, S. 127–203, hier vor allem S. 157–160 sowie S. 193–202. – *Hax, Karl*: Auftragslenkung durch Preisbildung aufgrund der Grenzkosten, in: ZfhF, N.F., 1. Jg. (1949), S. 134 f. – *Kronenberger, Ph.*: Auftragslenkung durch Preisbildung aufgrund der „Grenzkosten", in: ZfhF, N.F., 1. Jg. (1949), S. 502 f.

4 Die Berechnung von Mindermengenzuschlägen ist z.B. in der Eisen- und Stahlindustrie, in der Seilindustrie und in verschiedenen anderen Branchen üblich. Vgl. hierzu *Vormbaum, H.*: Differenzierte Preise, S. 106. – *Aigner, Heinz*: Preissystem und Preistechnik in der Industrie für langgezogene Stab- und Profilstähle (Eine betriebswirtschaftliche Untersuchung), Diss. Mannheim 1954, S. 28–33. – *Gau, Eberhard*: Die Kalkulation der Vertriebskosten, Stuttgart-Degerloch 1959, S. 125. – Siehe auch *Ohse, H.*: Wirtschaftliche Probleme industrieller Sortenfertigung, S. 488–495. Er schlägt für solche Preiskomponenten die Bezeichnung „Bearbeitungszuschlag für Kleinbestellungen", „Sonderzuschlag für Kleinmengen", „Mehrkostenausgleich für Kleinbestellungen" vor.

male Bemessung der Mengenrabatte zu entwickeln[5]. Ansonsten hat man sich mit dieser Erscheinungsform der mengenmäßigen Preisdifferenzierung vor allem rein deskriptiv befaßt und den Mengenrabatt lediglich noch als Einflußfaktor der Losgrößen- bzw. Bestellmengenermittlung untersucht[6].
Wie diese Rabatte innerhalb des Rechnungswesens zu erfassen und zu verrechnen sind, wurde bisher noch nicht eingehend analysiert. Diesem Problem ist die vorliegende Studie gewidmet.

5 Siehe hierzu insbesondere *Biermann, Herbert*: Bestimmungsfaktoren einer optimalen Rabattstruktur, in: ZfbF, N.F., 19. Jg. (1967), H. 6, S. 392–412. Vgl. außerdem *Böhm, H.-H.*: Wirtschaftliche Programmplanung, S. 193–202, der sich mit der Mengenrabattgewährung vor allem kritisch auseinandersetzt und eine Spaltung des Preises in einen auftragsgrößenunabhängigen und einen auftragsgrößenabhängigen Bestandteil für ökonomisch sinnvoll hält.

6 Vgl. dazu vor allem *Churchman, C.W. – Ackoff, R.L. – Arnoff, E.L.*: Operations Research, deutsch von E. Schlecht u. F. Ferschl, Wien – München 1961, S. 221 ff. – *Pack, L.*: Optimale Bestellmenge und optimale Losgröße; zu einigen Problemen ihrer Ermittlung, in: ZfB, 33. Jg. (1963), S. 465 ff., insbesondere S. 582. – *Gebhardt-Seele, P.*: Rechenmodelle für wirtschaftliches Lagern und Einkaufen, München und Wien 1962, S. 33 f, S. 119 ff. – *Whitin, Th.*: The Theory of Inventory Management, 2. Repr., Princeton / New York 1957, S. 31 ff., insbes. S. 34 f. u. S. 38 ff. – *Kosiol, Erich*: Die Ermittlung der optimalen Bestellmenge, in: ZfB, 28. Jg. (1958), S. 287 ff., insbes. S. 295. – *Pack, L.*: Optimale Bestellmenge und optimale Losgröße, S. 582. – *Weide, E.*: Beschäftigungspolitisches Instrumentarium in einem automatischen System der Fertigungsplanung, in: ZfB, 33. Jg. (1963), S. 23 ff., hier S. 35 f. – *Böhm, H.-H.*: Wirtschaftliche Programmplanung, S. 157 ff.

II. Praktische Erscheinungsformen von Mengenrabatten

Praktisch treten die Mengenrabatte in vielfältigen Formen auf. Im Hinblick auf das Untersuchungsziel dieser Arbeit sind insbesondere die folgenden Mengenrabatt-Arten auseinanderzuhalten.

1. Periodenbezogene und auftragsgrößenbezogene Mengenrabatte

Nach dem konkreten Bezug der Rabattgewährung muß zwischen periodenbezogenen und auftragsgrößenbezogenen Mengenrabatten unterschieden werden[1,2]. Für die *periodenbezogenen Mengenrabatte* ist typisch, daß dem Kunden mit steigendem Gesamtumsatz pro Periode (z.B. pro Monat, Vierteljahr, Halbjahr oder Jahr) ein immer höherer Rabatt eingeräumt wird. Dazu gehören vor allem jene Preisnachlässe, die den Abnehmern *in Abhängigkeit vom Umfang ihrer Bezüge während der laufenden Abrechnungsperiode* nachträglich (am Ende dieses Zeitraums) eingeräumt werden. Man bezeichnet einen derartigen Rabatt gewöhnlich als *Bonus* bzw. als Mengenbonus, Umsatzbonus, Umsatzrabatt, nicht selten auch als Gesamtumsatzrabatt, Umsatzrückvergütung oder als Treuerabatt. Hinzu kommen (beispielsweise in der Eisen- und Stahlindustrie) solche indirekten Preisvergünstigungen, deren Höhe vom Ausmaß der im jeweils *vorausgehenden Abrechnungszeitraum* mit dem betreffenden Abnehmer getätigten Umsätze abhängt.
Demgegenüber ist für die *auftragsgrößenbezogenen Mengenrabatte* kennzeichnend, daß sie – wie der Name schon sagt – in irgendeiner Form nach der Größe der Aufträge gestaffelt sind[3]. Mit „Auftrag" ist in diesem Zusammenahng in der Regel

1 Vgl. zu dieser Unterscheidung auch *Fiuczynski, H.-W.*: Die Produkt- und Preispolitik der Markenartikelhersteller, S. 188–190. – *Mellerowicz, Konrad*: Die Handelsspanne bei freien, gebundenen und empfohlenen Preisen, Freiburg im Breisgau 1961, S. 9–11.

2 Der Vollständigkeit halber müßte auch noch auf *packungsgrößenbezogene* Mengenrabatte hingewiesen werden, also auf Mengen-Preissysteme, bei denen je nachdem, in welchen Packungsgrößen eine Ware bezogen wird, unterschiedlich hohe Rabatte gewährt werden. Doch kommen Mengen-Preissysteme dieser Art selten vor, weil man eine Differenzierung der Preise nach Packungsgrößen in der Regel auf direktem Wege (durch unmittelbare Abstufung der Preise) herbeiführt.

3 Siehe hierzu auch *Neumann, Joachim*: Die auftragsfixen Kosten – Erfassung, Kalkulation, Maßnahmen, in: Wirtschaftliche Programmgestaltung – Empfehlungen für die Praxis, H. 4, hrsg. vom Rationalisierungs-Kuratorium der Deutschen Wirtschaft (RKW), Berlin 1963, S. 38–40. – *Geist, Manfred – Döring, Jürgen – Herr, Manfred – Witt, Jürgen*: Erfolgskontrolle der Auftragsgrößen – Drei praktische Beispiele von Umsatz- und Vertriebskostenanalysen, in: Schriftenreihe der Rationalisierungs-Gemeinschaft „Industrieller Vertrieb und Einkauf", H. 8, hrsg. v. Rationalisierungs-Kuratorium der Deutschen Wirtschaft (RKW), Berlin – Köln – Frankfurt (Main) 1967, S. 34–36.

die von einem Kunden eingehende bzw. eingegangene Bestellung gemeint[4]. Da eine solche Bestellung möglicherweise nicht in einer, sondern in mehreren Lieferungen erfüllt wird, muß streng genommen zwischen dem „Bestellauftrag" und dem „Lieferauftrag" unterschieden werden. Doch sollen die hieraus resultierenden Besonderheiten im folgenden nicht näher erörtert werden. Ebenso wird auf den sogenannten „Abschlußrabatt" nicht im einzelnen eingegangen, der bei weiterer Auslegung des Begriffs ebenfalls zu den „auftragsgrößenbezogenen" Mengenrabatten gezählt werden muß.

Während die Auftragsgrößenrabatte die Abnehmer zur Aufgabe möglichst großer Bestellmengen veranlassen sollen, besteht das Ziel der Gewährung periodenbezogener Mengenrabatte insbesondere darin, daß Einzelauftraggeber zu Dauerkunden werden[5].

Beide eben genannten Formen der Rabattgewährung werden in der Praxis auch kombiniert angewandt, in der Regel derart, daß der periodenbezogene Mengenrabatt auf den nach Abzug der auftragsgrößenbezogenen Rabatte verbleibenden Nettoerlös berechnet wird.

2. Direkte und indirekte Mengenrabatte

Nach der Art der Gewährung kann man zwischen direkten und indirekten Mengenrabatten unterscheiden. Der *Auftragsgrößenrabatt* wird zwar in den meisten Fällen direkt vom Rechnungspreis abgezogen, doch findet man in vielen Bereichen der Praxis auch Beispiele für den sogenannten *Naturalrabatt*. Für ihn ist typisch, daß jenen Kunden, die größere Mengen auf einmal bestellen, Gratismengen (Zugaben, Draufgaben) geliefert werden. Ein indirekter Auftragsgrößenrabatt liegt auch dann vor, wenn eine Unternehmung ab einer bestimmten Auftragsgröße auf die Berechnung der Verpackungs- oder Frachtkosten verzichtet[6].

Bei den periodenbezogenen Mengenrabatten ist ein unmittelbarer Abzug vom Rechnungspreis nur dann möglich, wenn diese Preisvergünstigungen in Abhängigkeit vom Umsatz der vorausgehenden Abrechnungsperiode gewährt werden. Bei den auf die Bezüge der laufenden Abrechnungsperiode abstellenden Boni kann das nicht ge-

4 Vgl. zu dieser Terminologie auch: *Gümbel, Rudolf*: Probleme einer Optimierung der Auftragspolitik im Absatzbereich der Unternehmung, in: ZfbF, 18. Jg. (1966), H. 2, S. 120. – *Meyer, Gerhard*: Die Auftragsgröße in Produktions- und Absatzwirtschaft; Bestimmungsgründe und Auswirkungen der betrieblichen Umschlagsgröße in Beschaffung („Bestellmenge"), Produktion („Losgröße") und Absatz („Auftragsgröße"), Leipzig 1941, S. 8. – *Schulze, Hans Herbert*: Auftragsabrechnung, in: Handwörterbuch des Rechnungswesens, hrsg. v. Erich Kosiol, Stuttgart 1970, Sp. 69–74, hier Sp. 69: „Als Auftrag im wirtschaftlichen Sinne ist die von einer Wirtschaftseinheit erteilte Bestellung auf Herstellung oder Leistung qualitativ oder quantitativ genau festgelegter Sachgüter oder Arbeiten zu verstehen."

5 Vgl. auch *Mellerowicz, K.*: Die Handelsspanne, S. 9–11.

6 Vgl. dazu *Schmidt, Werner*: Absatzwirtschaftliche Probleme der Verpackung von Flüssigkeiten und Gasen, in: Schriften zur Chemiewirtschaft, Band 3, hrsg. von Paul Riebel, Berlin – Heidelberg – New York 1965, S. 108.

schehen. Sie können den Abnehmern erst nachträglich, nach dem Ablauf der betreffenden Abrechnungsperiode, gutgebracht werden. Dies kann ebenfalls auf direktem oder indirektem Weg (in Form von Naturalrabatten) geschehen. Im ersten Fall ist weiter zwischen einer direkten *Erstattung* (Rückvergutung) und dem Erteilen von *Bonus-Gutschriften*, die der Kunde bei zukünftigen Zahlungen in Abzug bringen kann, zu differenzieren. Wie später näher ausgeführt wird, bestehen zwischen diesen beiden Möglichkeiten unter Umständen erhebliche ökonomische Unterschiede.

3. Unmittelbar mengenabhängige und umsatzwertabhängige Rabatte

Die relative Höhe der im Rahmen dieser Studie zu untersuchenden Rabatte ist – auch wenn vorwiegend von *Mengen*rabatten gesprochen wird – keineswegs in allen Fällen eine direkte Funktion der jeweiligen *Liefermenge*. Diese Art der Rabattgewährung wäre vor allem in Mehrproduktbetrieben mit erheblichen Unwirtschaftlichkeiten verbunden. Denn Betriebe dieser Art kämen in der Regel nicht umhin, für ihre verschiedenen Programmkomponenten (Leistungsarten) spezielle Rabattstaffeln vorzugeben. Um dies zu vermeiden, macht man die relative Höhe der Mengenrabatte in den meisten Fällen vom *Gesamtwert eines Auftrags* bzw. vom *Gesamtwert der innerhalb eines Abrechnungszeitraums getätigten Umsätze* abhängig. Solche umsatzwertbezogenen Mengenrabatte stehen auch im Vordergrund der weiteren Überlegungen[7].

4. „Angestoßene" und „durchgerechnete" Mengenrabatte

Die direkten Mengenrabatte, denen im Vergleich zu den Naturalrabatten eindeutig die größere praktische Bedeutung zukommt, werden in der Regel als *prozentuale Funktion des auftragsgrößen- bzw. periodenbezogenen Umsatzwertes* angegeben. Dabei werden meist bestimmte absatzmengen- bzw. umsatzwertbezogene „*Rabattschwellen*" fixiert, bei deren Überschreiten der dem Kunden eingeräumte Rabattsatz sprunghaft ansteigt. Auf diese Weise entstehen *Staffelbereiche mit konstanten marginalen Rabattsätzen*.

Nach der Art der Berechnung der Rabattsätze muß man zwischen „*durchgerechneten*" Rabattstaffeln und „*angestoßenen*" Rabattstaffeln unterscheiden[8]. Beim ersten dieser beiden Verfahren wird der Rabattsatz jenes Staffelbereichs, in den der

7 Siehe zu der in diesem Abschnitt besprochenen Unterscheidung auch *Gygax, F.G.*: Preiskonditionen, S. 103. – *Fiuczinski, H.-W.*: Die Produkt- und Preispolitik der Markenartikelhersteller, S. 191 f.

8 Diese Bezeichnungen wurden der Terminologie des Tarifwesens der Verkehrswirtschaft entnommen. Vgl. *Illetschko, Leopold L.*: Transportbetriebswirtschaftslehre, 2. Aufl., Wien – New York 1966, S. 141. – *A. Berger* (Preisdifferenzierung, S. 83), unterscheidet im gleichen Sinn zwischen „durchgehenden Staffeln" und „Anstoß oder aufgesetzten Staffeln", *K. Michalski* (Das Prinzip der Preisdifferenzierung, S. 54) zwischen „Staffeltarifen" und „Blocktarifen".

Umsatzwert des jeweils betrachteten Auftrags bzw. der periodenbezogene Gesamtumsatz des betreffenden Kunden fällt, jeweils *für den ganzen Auftrag* bzw. für die *gesamte Lieferung jenes Zeitraums* in Ansatz gebracht („durchgerechnet"). In diesem Fall ergibt sich der Gesamtrabatt des Auftrags bzw. der Periode unmittelbar als mathematisches Produkt aus dem Umsatzwert und dem anzuwendenden Rabattsatz.

Bei der zweiten Methode werden die in den Rabattstaffeln genannten Rabattsätze jeweils nur *für die auf den betreffenden Staffelbereich entfallenden Umsatzteile* verrechnet, so daß der Gesamtrabatt eines Auftrags bzw. einer Abrechnungsperiode grundsätzlich nur als Summe der sich für die einzelnen Staffelbereiche ergebenden Nachlässe erfaßt werden kann. Graphisch sind die beiden Staffeltypen in den Abbildungen 1 und 2 auf dieser und der folgenden Seite dargestellt.

Abb. 1: Beispiel für den Aufbau einer „angestoßenen" Bonus- bzw. Rabattstaffel

- ergänzt durch Angaben über die Gesamtumsätze und Boni einzelner Kunden (I-VI) -

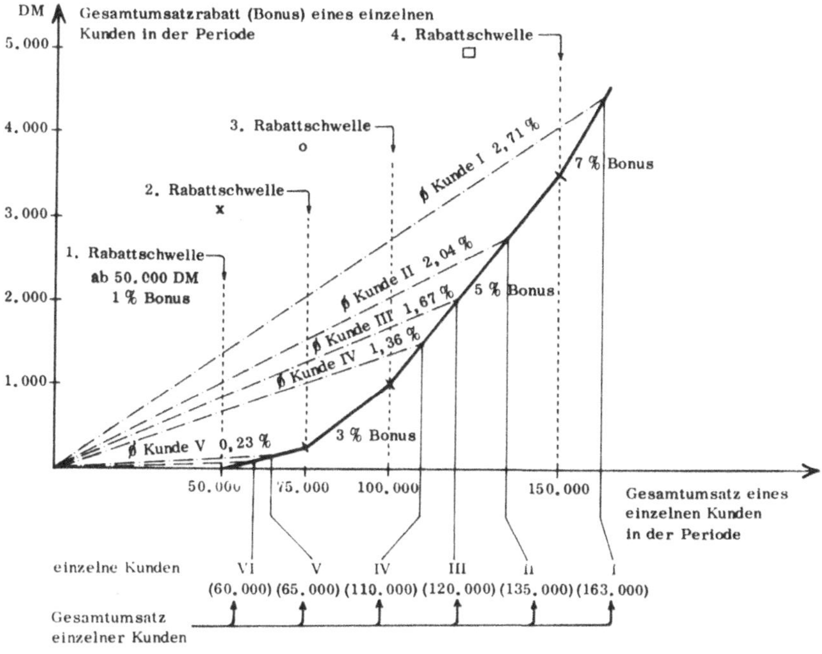

x **ab 75.000 DM 3 % Bonus**

o **ab 100.000 DM 5 % Bonus**

□ **ab 150.000 DM 7 % Bonus**

Abb. 2: Beispiel für den Aufbau einer „durchgerechneten" Bonus- bzw. Rabattstaffel

- ergänzt durch Angaben über die Gesamtumsätze und Boni einzelner Kunden (I-VI) -

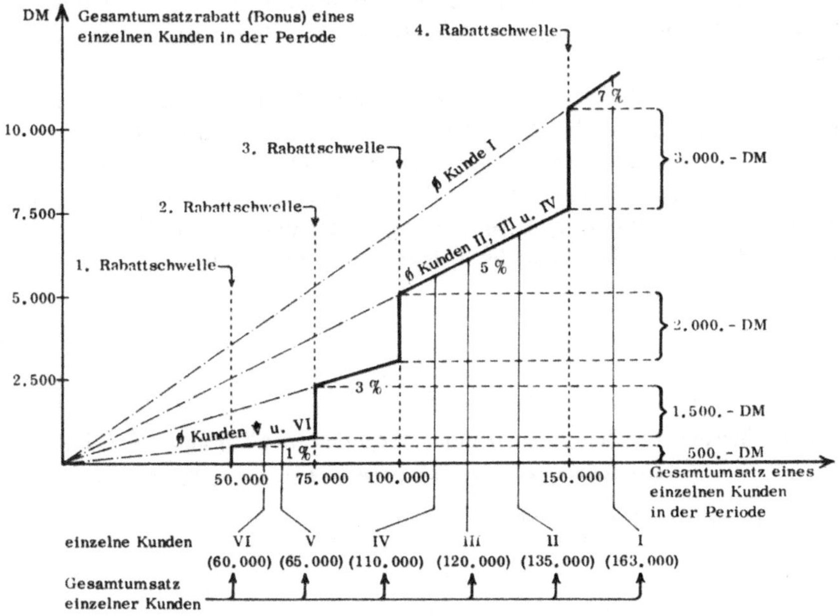

III. Grundprobleme der Verrechnung von Mengenrabatten innerhalb des entscheidungsorientierten Rechnungswesens

Wie der Titel der vorliegenden Arbeit bereits erkennen läßt, befaßt sich diese Studie mit den Mengenrabatten lediglich *aus der Sicht des liefernden Betriebes*. Sie analysiert also allein die den Abnehmern *gewährten Mengenrabatte* – mit dem speziellen Ziel aufzuzeigen, wie diese Preisnachlässe innerhalb des *internen Rechnungswesens* zu erfassen und zu verrechnen sind.

Dieses Teilgebiet der Unternehmungsrechnung hat instrumentalen Charakter[1]. Es hat sich während der letzten Jahre in immer stärkerem Maße von einer primär vergangenheitsorientierten Dokumentations- und Informationsrechnung zu einer *„entscheidungsorientierten" Rechnung* entwickelt[2], welche in erster Linie jene Kosten- und Erlösinformationen enthalten soll, die zur Fundierung und Kontrolle unternehmerischer Entscheidungen benotigt werden[3]. Aufgabe der vorliegenden Arbeit ist es also, den im Hinblick auf diesen instrumentalen Charakter des innerbetrieblichen Rechnungswesens zweckmäßigen Modus für die Verrechnung der Mengenrabatte herauszufinden und diesen von den ungeeigneten Abrechnungsverfahren abzugrenzen. Bedenkt man, daß die Mengenrabatt-Gewährung in unmittelbarem Zusammenhang mit dem Erlösanfall steht, so wird deutlich, daß die hier vorgelegte Untersuchung in erster Linie ein Beitrag zum *Ausbau der entscheidungsorientierten Erlösrechnung* sein soll.

Innerhalb der auf das eben gekennzeichnete Untersuchungsziel ausgerichteten Analysen muß zunächst geklärt werden, *ob die den Abnehmern gewährten Mengenrabatte überhaupt innerhalb der betrieblichen Erlösrechnung auszuweisen sind.* Wie im nächsten Abschnitt für die Boni und Auftragsgrößenrabatte näher ausgeführt wird, bestehen in der einschlägigen Literatur selbst hierüber unterschiedliche Auffassungen. Dies gilt auch für den zweiten Schwerpunkt der weiteren Untersuchungen: für das Problem der *Verrechnung der gewährten Mengenrabatte auf Leistungsarten*. Eine Analyse dieses Problems ist deshalb erforderlich, weil die Gliederung der Erlöse, Erlösschmälerungen und Kosten nach unterschiedlichen Lei-

1 Vgl. *Swoboda, Peter*: Die betriebliche Anpassung als Problem des betrieblichen Rechnungswesens, Wiesbaden 1964, S. 66–68. – *Laßmann, Gert*: Kosten- und Erlösrechnung als Instrument der Planung und Kontrolle in Industriebetrieben. Düsseldorf 1968, S. 30.

2 Vgl. *Riebel, Paul*: Die Bereitschaftskosten in der entscheidungsorientierten Unternehmerrechnung, in: ZfbF, 22. Jg. (1970), H. 6, S. 372–386, hier S. 372.

3 Auf den instrumentalen Charakter des innerbetrieblichen Rechnungswesens verweisen *Illetschko, Leopold L.*: Management und Betriebswirtschaft, Wien 1955, S. 20–35; *Swoboda, Peter*: Die betriebliche Anpassung als Problem des betrieblichen Rechnungswesens, S. 66–68; *Laßmann, Gert*: Die Kosten- und Erlösrechnung als Instrument der Planung und Kontrolle in Industriebetrieben, S. 30.

stungsarten (nach Leistungsarten, für die sie angefallen sind) eine der wichtigsten Teilaufgaben des internen Rechnungswesens ist – eine Notwendigkeit, die aus der Tatsache resultiert, daß im praktischen Betriebsleben laufend Entscheidungen über die Produktion, das Angebot und den Absatz einzelner Erzeugnisarten und Produktsorten zu treffen sind. Eine sachgerechte Fundierung und Kontrolle solcher Programm-Dispositionen setzt eine nach einzelnen Leistungsarten differenzierende Erlös- und Kostenrechnung voraus. Beim Aufbau derartiger Rechnungen stellt sich zwangsläufig die Frage, ob und gegebenenfalls wie die gewährten Mengenrabatte auf die verschiedenen Leistungsarten zu verrechnen sind. Erst wenn diese Frage beantwortet ist, kann Klarheit darüber bestehen, welcher Nettoerlös für eine einzelne Leistungsart innerhalb des internen Rechnungswesens auszuweisen ist. Dabei ist zu bedenken, daß die Zurechnung von Mengenrabatten auf Leistungsarten ihrerseits einen Einfluß auf die Verrechnung anderer Erlösschmälerungen ausüben kann. In diesem Sinne ist beispielsweise die Zurechenbarkeit der Kundenskonti auf einzelne Leistungsarten von der Zurechenbarkeit der Auftragsgrößenrabatte abhängig, weil die Skonti in der Regel auf den nach Abzug dieser Rabatte verbleibenden Netto-Auftragswert zu berechnen sind[4].

Eine Unternehmung disponiert im Rahmen ihrer Produktions- und Absatzplanungen jedoch nicht nur über Leistungsarten als Ganzes. In solche Dispositionen sind regelmäßig auch Entscheidungen über die *Produktions- und Absatzmenge* einzelner Erzeugnisarten und Produktsorten eingelagert, die ebenfalls einen Einfluß auf die betrieblichen Erlöse ausüben. Damit diese Entscheidungen sachgerecht vorbereitet und überwacht werden können, muß die Erlösrechnung auch die *Beziehung zwischen Erlösen und Absatzmenge* einer Leistungsart zutreffend abbilden. In dieser Hinsicht wirft die Gewährung von Mengenrabatten ebenfalls zusätzliche Probleme auf: Es geht darum, *ob und gegebenenfalls nach welchen Prinzipien die gewährten Mengenrabatte auf einzelne Leistungseinheiten zugerechnet werden können*. Auch dieser Frage wird in der vorliegenden Studie nachgegangen.

Über das eben Erläuterte hinaus wird schließlich noch untersucht, *in welcher wertmäßigen Höhe die Mengenrabatte innerhalb des internen Rechnungswesens zu verrechnen sind*, eine Frage, die besonders bei der Gewährung von Naturalrabatten und Rabattgutschriften von großer praktischer Bedeutung ist.

In allen vorstehend angesprochenen Fällen ist eine *kritische Auseinandersetzung mit den in Literatur und Praxis feststellbaren Verrechnungsmodi* (Rechenverfahren) erforderlich. Gerade diesem Aspekt kommt unseres Erachtens große Bedeutung zu, weil die bisher vorgeschlagenen und angewandten Verrechnungsmodi vornehmlich im Hinblick auf andere Rechnungszwecke entwickelt wurden, so unter anderem für die externe Rechnungslegung und in dieser Hinsicht wiederum insbesondere unter dem Gesichtspunkt von Branchengepflogenheiten sowie im Streben nach Erleichterung und Vereinfachung von Betriebsvergleichen. Die vor diesem Hintergrund „gewachsenen" Abrechnungstechniken hat man meist auch auf die innerbetriebliche Abrechnung übertragen, ohne gründlich zu überprüfen, ob diese Methoden den an das entscheidungsorientierte Rechnungswesen zu stellenden Anforderungen ge-

4 Siehe hierzu auch *Männel, Wolfgang*: Kundenskonti im entscheidungsorientierten Rechnungswesen, Herne / Berlin 1971.

recht werden können. Die vorliegende Arbeit versucht, diese notwendige Analyse nachzuholen.

Die Kriterien für solche Untersuchungen sind unmittelbar von den speziellen Zwecken und Aufgaben des entscheidungsorientierten Rechnungswesens abzuleiten. In diesem Sinne muß vor allem überprüft werden, ob die relevanten Zielgrößen des innerbetrieblichen Abrechnungssystems – also insbesondere das periodenbezogene Betriebsergebnis sowie die Erfolge, Erlöse und Kosten einzelner Leistungen bzw. Leistungsarten – bei Anwendung der verschiedenen Verrechnungsmodi aussagefähig sind, ob sie also zum Ausweis jener Informationen führen, die für die Vorbereitung und Überwachung unternehmerischer Entscheidungen benötigt werden. Als „richtig" kann man nur jenen Verrechnungsmodus bezeichnen, bei dessen Anwendung innerhalb des internen Rechnungswesens exakt jene Erlös-, Kosten- und Erfolgsveränderungen ausgewiesen werden, welche durch die Verwirklichung der jeweils interessierenden Handlungsmöglichkeit effektiv ausgelöst werden bzw. wurden[5].

5 Mit dieser Formulierung folgen wir sinngemäß *Riebel, Paul*: Die Bereitschaftskosten in der entscheidungsorientierten Unternehmerrechnung, S. 372.

IV. Mengenrabatte und Mehrwertsteuer

Bevor die im vorausgehenden Abschnitt aufgeworfenen Fragen beantwortet werden können, müssen zunächst noch die Beziehungen zwischen Mengenrabatten und Mehrwertsteuer geklärt werden.

In dieser Hinsicht ist von Bedeutung, daß die den Kunden gewährten Mengenrabatte – sofern es sich dabei nicht um Naturalrabatte handelt und sofern sie sich nicht von steuerfreien Umsätzen ableiten – das steuerpflichtige Entgelt mindern[1]. Bei den Auftragsgrößenrabatten, die bereits beim Ausstellen der Ausgangsrechnung berücksichtigt werden, ist dies besonders offensichtlich. In der Regel werden solche Nachlässe – wie alle anderen „Sofortrabatte" – unmittelbar vom Netto-Warenwert, also vor der Berechnung des Mehrwertsteuer-Aufschlags abgezogen[2], wodurch der gesetzlichen Vorschrift über den getrennten Ausweis von Entgelt und Steuerbetrag direkt entsprochen wird[3].

Die für die Gesamtlieferungen einer bestimmten Abrechnungsperiode gewährten Boni sind als eine *nachträgliche* Minderung des steuerpflichtigen Entgelts aufzufassen. Sie mindern die Mehrwertsteuerschuld, die sich zunächst vorläufig aufgrund der Soll-Versteuerung der Brutto-Engelte ergeben hat. Ihr Anfall führt zu einer absolut niedrigeren Zahllast gegenüber dem Finanzamt. Gemäß § 17 (I) des UStG vom 29.5.1967 muß der Lieferbetrieb – und dies liegt auch in seinem eigenen Interesse – immer dann, wenn er seinen Abnehmern Boni gewährt, eine Berichtigung der geschuldeten Steuerbeträge vornehmen. Von dem Bonus, der einem Kunden insgesamt eingeräumt wird, muß also die darin enthaltene Minderung der Mehrwertsteuer

1 Siehe hierzu sowie zu den weiteren Ausführungen dieses Abschnittes vor allem *Müller, Herbert*: Die Handhabung der Mehrwertsteuer in der Praxis, Düsseldorf 1967, S. 74–80. – *Gründler, Klaus*: Bei der Fakturierung steckt der Teufel im Detail – Start in die Mehrwertsteuer (LXVI), in: Blick durch die Wirtschaft vom 28.3.1968, S. 5. – *Krebs, Hans-Joachim*: Mehrwertsteuer – Erläuterungen für die Praxis mit zahlreichen Beispielen. Wiesbaden 1967, S. 46–50. – *Stehl, Heinz – Obermaier, Rudolf*: Die Mehrwertsteuer in der betrieblichen Praxis – systematische Darstellung des Mehrwertsteuergesetzes und seiner Durchführung in Betrieb und Rechnungswesen, Wiesbaden 1967, S. 79 f. und 111 f. – *Schneider, Fred*: Die Mehrwertsteuer im Rechnungswesen – Buchhaltung, Kalkulation und Finanzierung nach dem Mehrwertsteuergesetz, München 1968, S. 59 ff. – *Weiskopf, Konrad*: Die Aufzeichnungspflichten für die Mehrwertsteuer, in: Der Betrieb, 20. Jg. (1967), Beilage Nr. 15/67 zu H. 46, S. 1–14, hier S. 3 f. – *Boje, Axel*: Auswirkungen der Mehrwertsteuer auf Organisation und Rechnungswesen, in: Die Absatzwirtschaft, 10. Jg. (1967), Nr. 20, S. 1165–1172, hier v.a. S. 1168. – *Rau, Günter – Dürrwächter, Erich*: Die Mehrwertsteuer, 9. Aufl., Köln 1967, S. 98–101. – *Zimmermann, Werner*: Das neue Umsatzsteuergesetz (Mehrwertsteuer), Teil I, in: Der Betrieb, 20. Jg. (1967), H. 22, S. 913–923, hier v.a. S. 923.

2 Vgl. *Weiskopf, K.*: Die Aufzeichnungspflichten, S. 4.

3 Siehe hierzu auch *Müller, H.*: Die Handhabung der Mehrwertsteuer, S. 74 f.

abgespalten werden. Bei einem Steuersatz von 11 % sind das 11/111 = 9,91 %. Nur die verbleibenden 90,09 %, die man als „Netto-Boni" bezeichnen kann, sind zu Lasten der Gewinn- und Verlustrechnung zu verrechnen.

Die meisten Betriebe werden die eben angesprochene Differenzierung bereits bei der Bonus-Berechnung für die einzelnen Kunden vornehmen, so daß unmittelbar ersichtlich ist, welcher Teil der insgesamt gewährten Boni als Mehrwertsteuer-Minderung bzw. als negative Erfolgsvariable im Rahmen der Erfolgsrechnung zu verrechnen ist. Teilt man den Kunden lediglich die „Brutto-Boni" mit, so empfiehlt es sich, die Boni zunächst aufzusummieren und dann aus den während der Abrechnungsperiode insgesamt gewährten Boni die darin enthaltene Mehrwertsteuer-Minderung herauszurechnen. Voraussetzung für eine solche „Brutto-Verbuchung" ist allerdings, daß die Boni nach Steuersätzen getrennt gesammelt werden[4]. Innerhalb des Rechnungswesens müssen also getrennte Konten für

(a) Boni für steuerfreie Umsätze,
(b) Boni für Umsätze zum normalen Steuersatz und
(c) Boni für Umsätze zum ermäßigten Steuersatz

geführt werden.
Selbst unter solchen Bedingungen können sich allerdings Schwierigkeiten ergeben, nämlich dann, wenn die periodenbezogenen Mengenrabatte auf Umsätze Bezug nehmen, die nicht dem gleichen Steuersatz unterliegen. In solchen Fällen muß der Bonusbetrag entsprechend dem Verhältnis der verschiedenen Umsatzarten aufgeteilt werden. Dies wird auch vom Gesetz ausdrücklich vorgeschrieben: Gemäß § 17 (IV) des UStG vom 29.5.1967 muß ein Lieferbetrieb immer dann, wenn die Entgelte für unterschiedlich besteuerte Lieferungen oder sonstige Leistungen eines bestimmten Zeitabschnittes gemeinsam geändert werden, dem Bonus-Empfänger einen Beleg erteilen, aus dem zu ersehen ist, wie sich die Änderung der Entgelte auf die unterschiedlich besteuerten Umsätze verteilt. Ist ein solcher Beleg einmal erstellt, so ist es leicht, die Boni nach verschiedenen Steuersätzen getrennt auf die einzelnen Konten zu verbuchen. Das Erstellen der Belege selbst kann anhand der Originalrechnungen erfolgen oder aber ausgehend von den Debitorenkonten. Letzteres ist allerdings nur dann möglich, wenn man die einzelnen Warenausgangsbuchungen so gekennzeichnet hat, daß ihre umsatzsteuerliche Belastung unmittelbar ersichtlich ist.
Darüber, wie die nach den vorstehend erläuterten Grundsätzen zu ermittelnden „Netto-Boni" innerhalb der Ergebnisrechnung eines Unternehmens weiterzuverrechnen sind, schreibt das UStG nichts vor. Hierfür sind rein betriebswirtschaftliche Kriterien maßgebend. Mit deren Analyse befassen sich die folgenden Abschnitte dieser Untersuchung.

4 Vgl. *Krumrey, G.*: Aufzeichnungspflichten und Buchungstechnik bei der Mehrwertsteuer, in: Steuerrecht in Kurzform – Lehrbuch der Buchführung und Buchführungstechnik, H. 3b, 2. Aufl., Herne / Berlin 1968, S. 17.

V. Sind gewährte Mengenrabatte Aufwendungen, Kosten oder Erlösschmälerungen?

Es wurde bereits angedeutet, daß in Literatur und Praxis nicht einmal Einigkeit darüber besteht, ob die gewährten Mengenrabatte im internen Rechnungswesen als Aufwendungen, Kosten oder Erlösschmälerungen zu verrechnen sind. Dieser grundlegenden Frage soll hier zunächst nachgegangen werden – und zwar getrennt für Boni und auftragsgrößenbezogene Rabatte.
Im Vordergrund dieser kritischen Analyse stehen allerdings weniger rein terminologische Aspekte als vor allem Zweckmäßigkeitsgesichtspunkte. Dies bedeutet, daß die verschiedenen Möglichkeiten der Mengenrabatt-Verrechnung insbesondere daraufhin untersucht werden, ob die bei ihrer Anwendung innerhalb des innerbetrieblichen Rechnungswesens ausgewiesenen primären und sekundären Zielgrößen (Betriebsergebnis, Leistungserfolge, Erlöse, Kosten usw.) den an sie aus entscheidungstheoretischer Sicht zu stellenden Anforderungen gerecht werden.

1. Kritische Analyse der in Literatur und Praxis feststellbaren Bonus-Verrechnungsmodi

a) Gewährte Boni als Aufwendungen oder Kosten

aa) Vorschläge der Literatur

Im graphischen Gewerbe wird die Auffassung vertreten, daß die den Abnehmern gewährten Boni den Charakter *neutraler Aufwendungen* haben, daß man sie nicht innerhalb der kurzfristigen Betriebsergebnisrechnung erfassen und berücksichtigen könne, weil sie eine *nachträgliche* Vergütung der Lieferanten an die Kunden darstellen[1]. Für eine von den Warenlieferungen völlig losgelöste Verrechnung der gewährten Boni als *Aufwand* spricht sich auch *Zint* aus[2], und auch *Wessel*[3] interpretiert

1 Vgl. Buchhaltungsrichtlinien für das Graphische Gewerbe, hrsg. v. der Bundesvereinigung der Deutschen graphischen Verbände e.V., bearbeitet von Henning And. Krüger, 3. Aufl., Frankfurt/Main – Berlin 1965, S. 22.

2 Vgl. *Zint, W.*: Doppelte Buchführung, Teil II, in: Steuerrecht in Kurzform, Lehrbuch der Buchführung und Buchführungstechnik, H. 2, Herne / Berlin 1967, S. 49: „Der Bonus sollte nicht das Warenkonto berühren, sondern ... beim Lieferanten als Aufwand in der G. u. V.-Rechnung erscheinen".

3 Siehe *Wessel, Hanns-Heinz*: Zusammentreffen von Skonto und Bonus, in: Der Betriebsberater, 20. Jg. (1965), S. 311 f.

den Bonus als eine *„selbständige Prämie"*. Desgleichen werden in Betrieben des Groß- und Außenhandels sowie in Einkaufsvereinigungen die den einzelnen Abnehmern gewährten Boni in der Regel nicht auf die einzelnen Leistungsarten weiterverrechnet, sondern in einer besonderen Kontenklasse (Klasse 4) *als Aufwand erfaßt* und dort den *von den eigenen Lieferanten empfangenen Boni gegenübergestellt*[4]. Der Saldo dieser Kontenklasse geht direkt in die periodische Gewinn- und Verlustrechnung ein. Die Handelsspannen sowie die Warenarten- und Warengruppenergebnisse werden unter diesen Umständen also unter Zugrundelegung der Bruttopreise errechnet.

Allgayer[5] schlägt in seiner auf Großhandelsbetriebe abstellenden Arbeit vor, die Verrechnung der Boni vom jeweiligen Hauptzweck der Gewährung solcher Vergünstigungen abhängig zu machen. Sofern das Einräumen von Boni eindeutig im Dienste der Absatzsteigerung steht, hält er es für zweckmäßig, diese Beträge im Rahmen der *Vertriebskosten* zu verrechnen. Aus den gleichen Gründen will auch *Adelberger*[6] die „Treue- und Umsatzrabatte" den Vertriebskosten zurechnen, wenngleich er einschränkend betont, daß man diese Beträge immer dann, wenn ihre Höhe im voraus nicht eindeutig abgeschätzt werden kann, „trotz ihres Vertriebskostencharakters" buchhalterisch als Erlösschmälerung erfassen wird. Für die Seiden- und Samtindustrie wird vorgeschlagen, die gewährten Boni in die Verkaufseinzelkosten einzubeziehen[7].

4 Hierauf verweisen u.a. *Ziegler, Franz*: Rabatt, Bonus und Skonto in Buchführung und Bilanz, in: ZfB, 25. Jg. (1955), S. 302–307, hier S. 303. – *Ders.*: Großhandel, in: Lexikon des kaufmännischen Rechnungswesens, hrsg. v. Karl Bott, 2. Aufl., 2. Band, Sp. 1298–1305, hier Sp. 1299. – *Egler, Horst*: Boni und Skonti – Kontenklassenmäßig gesonderte Erfassung in der Großhandelsstufe, in: ZfB, 20. Jg. (1950), S. 653–656. – *Klimmer, A.*: Die Buchführung des Großhandels – Erläuterung des Großhandelskontenrahmens mit ausführlichen Buchungsschlüsseln, Ludwigshafen/Rh., o.J., S. 24 f. – Vgl. außerdem Kontenrahmen für den Baustoffhandel mit Erläuterungen, hrsg. vom Bundesverband des Deutschen Baustoffhandels, Bonn 1965, S. 12. – Kontenplan für den Holzhandel, hrsg. von der Vereinigung der Holzhandelsverbände e.V., Hannover o.J., Kontenklasse 4. – *Trapp, J.*: Betriebswirtschaftliche und steuerliche Besonderheiten im Kohlen- und Heizölhandel, 4. Aufl., Freiburg i. Brsg. 1970, S. 25. – Kontenrahmen für den Nahrungsmittelgroßhandel, hrsg. vom Verband des Deutschen Nahrungsmittelgroßhandels, Bonn o.J., S. 3. – Der Kontenrahmen für den Tabakwarengroßhandel, hrsg. vom Bundesverband Deutscher Tabakwarengroßhändler und Automatenaufsteller e.V., Köln-Lindenthal o.J., S. 2.
Ausdrücklicher schriftlicher Mitteilungen der Verbände zufolge übernehmen die für den Großhandels-Kontenrahmen typische Behandlung der Boni auch die Fachfirmen für Molkerei- und Käserei-Einrichtungen, der Getreide-, Futter- und Düngemittelhandel, der Honighandel, der Flachglas-Großhandel, der Einfuhrgroßhandel von Harz, Terpentinöl und Lackrohstoffen, der Farbengroßhandel, die kosmetischen Einfuhrfirmen, der Großhandel für Krankenpflege- und Laborbedarf, der Hohlglas- und Keramik-Großhandel, der Großhandel für Heizungs-, Lüftungs- und Klimabedarf, die Exporteure von Eisen- und Metallwaren, der Eisen- und Metallwaren-Großhandel, der Großhandel in Binderei- und Gärtnereibedarfsartikeln sowie die Kraftfahrzeugteile- und Zweirad-Großhändler.

5 Vgl. *Allgayer, O.*: Die Aufwandsrechnung im Großhandel, Diss. Frankfurt/M. 1949, S. 72–74.

6 Vgl. *Adelberger, Herbert*: Die Vertriebskostenrechnung als Dispositionsgrundlage, Diss. Freiburg i. Brsg. 1968, S. 48, der sich bei der Formulierung dieser These insbesondere an *Johannes Fischer, Otto Heß, Georg Seebauer* (Buchführung und Kostenrechnung, 3. Aufl., Leipzig 1941, S. 336) anlehnt.

7 Vgl. Kalkulations-Rahmen für die Kostenrechnung in der Seiden- und Samtindustrie, hrsg. vom Verband der Deutschen Seiden- und Samtindustrie, Krefeld 1952, S. 38.

bb) Begründungen und Gegenargumente

Die von den Warenlieferungen völlig losgelöste Verrechnung der Boni *außerhalb der Erlösrechnung* als Aufwand oder Kosten wird von den Befürwortern dieses Verrechnungsmodus mit verschiedenen Argumenten begründet. Auf diese soll im weiteren kurz eingegangen werden. Meines Erachtens ist keines von ihnen stichhaltig.

(1) *Zum „nachträglichen Anfall" der Boni*
Es wird die Auffassung vertreten, daß die am Ende einer Abrechnungsperiode gewährten Boni mit den während dieses Zeitraums getätigten Lieferungen wirtschaftlich nichts mehr zu tun hätten, weil diese Beträge erst lange Zeit nach der Warenlieferung abgerechnet und fällig werden bzw. weil die einzelnen Rechnungen lediglich die Berechnungsgrundlage der Boni seien[8]. Diese These wäre allenfalls dann akzeptabel, wenn die Boni von den fraglichen Lieferanten völlig willkürlich („nach Belieben") gewährt würden. Legt sich dagegen ein Unternehmen – wie dies hier und im weiteren unterstellt wird und in der Praxis auch die Regel ist – innerhalb seiner Tarife bzw. innerhalb seiner allgemeinen Lieferungs- und Zahlungsbedingungen ausdrücklich in konkreter und verbindlicher Form auf die Gewährung eines bestimmten (meist gestaffelten) Bonus fest, so läßt sich nicht leugnen, daß unter diesen Umständen von einer Variation des Absatzvolumens, also beispielsweise von der Annahme oder Ablehnung bestimmter Aufträge, grundsätzlich auch Auswirkungen auf die Höhe der hier betrachteten Preisnachlässe ausgehen, auch wenn diese erst nach Ende des Abrechnungszeitraums fällig und zahlungswirksam werden. Angesichts dieser Wirkungen erscheint eine „Neutralisierung" der Mengenrabatte unzulässig.

(2) *Zur vor dem Ende der Abrechnungsperiode bestehenden „Ungewißheit über die Höhe der Boni"*
Egler[9] meint, die zum Zeitpunkt des Warenausgangs bestehende Ungewißheit darüber, ob und in welchem Umfang mit der Gewährung von Boni zu rechnen ist, spreche für eine besondere Verbuchung und gegen die „Einbeziehung in die Warenkontenklassen". Daß vor dem Abschluß der Abrechnungsperiode noch nicht genau feststeht, in welcher Höhe Boni anfallen werden, ist jedoch meines Erachtens kein ausreichender Grund dafür, bei der Ausgestaltung der Erlösrechnung so vorzugehen, als würde das Angebot und die Lieferung der einzelnen Leistungsarten *überhaupt keinen* Einfluß auf die Höhe der Boni ausüben. Es ist grundsätzlich nicht gerechtfertigt, ökonomische Größen, die mit einer mehr oder weniger starken Unsicherheit belastet sind, einfach mit Null anzusetzen. In den hier betrachteten Fällen sind in der Zeit vor dem Ende der Abrechnungsperiode Schätzungen darüber anzustellen, welche Boni der Kunde am Ende der Abrechnungsperiode voraussichtlich erhalten wird, und davon ist – wie später noch ausführlicher zu zeigen sein wird – bei der Bonusverrechung auszugehen.

8 Vgl. diese Argumentation z.B. bei *Ziegler, F.*: Rabatt, Bonus und Skonto, S. 302–304. – *Wessel, H.-H.*: Zusammentreffen von Skonto und Bonus, S. 312. – Buchhaltungsrichtlinien für das Graphische Gewerbe, S. 22.
9 Vgl. *Egler, H.*: Boni und Skonti, S. 654.

(3) *Zum „Leistungsentgelt-Charakter" der Boni*
Die Behandlung der Boni als Aufwendungen ist wohl zumindest teilweise auch Ausfluß der Vorstellung, daß solche Mengenrabatte ein Leistungsentgelt für Leistungen des Kunden (also der nachfolgenden Wirtschaftsstufe) an den Lieferanten (an die vorgelagerte Wirtschaftsstufe)[10] seien. Diese Leistung erblickt man darin, daß der Kunde als Einzel- oder Großhändler dem produzierenden Lieferanten direkt oder indirekt eine mehr oder weniger große Anzahl von Umsatzakten mit den Endverbrauchern erspart. Dieser Hinweis ist jedoch ebenso wenig ein durchschlagendes Argument wie beispielsweise die im gleichen Zusammenhang geäußerte Auffassung, daß die Kunden für den Lieferanten Werbe-, Kredit- und Sortimentsfunktionen erfüllen. Denn all diese Funktionen werden vom Kunden nicht im Auftrag, im Namen oder für den Hersteller erbracht, sondern in eigener Verantwortlichkeit, in eigenständiger unternehmerischer Aktivität, ohne Beauftragung durch den Lieferanten für den Markt. Deshalb ist der einem Kunden gewährte Mengenrabatt nicht als ein Preis für eine an den Lieferanten gerichtete Leistung des Kunden, sondern als ein Preisnachlaß für eine Leistung des Lieferanten zu interpretieren[11].

(4) *Zu einigen speziellen Thesen Wessels*
Wessel[12] will den Bonus einmal deshalb nicht als Preisermäßigung interpretiert wissen, weil die Bonusgewährung völlig unabhängig von der Zahlungsweise des Kunden nachträglich erfolgt. Dem ist entgegenzuhalten, daß die Gewährung von Preisnachlässen, wie das beispielsweise für die auftragsgrößenbezogenen Mengenrabatte besonders deutlich wird, keineswegs eine ganz bestimmte Zahlungsweise der Kunden voraussetzt[13]. Abzulehnen ist auch die Auffassung, Voraussetzung für das Einräumen eines Preisnachlasses sei, daß die einzelne Warenlieferung einen solchen Abzug zuläßt, daß aber der auf den Gesamtumsatz einer Abrechnungsperiode abstellende Bonus hierauf überhaupt keinen Bezug nehme. Warum sollten Preisnachlässe grundsätzlich nur für solche Lieferungen gewährt werden, die sich bei isolierter Betrachtung als rentabel erweisen? Im übrigen wird es in der Praxis ohnehin nur selten dazu kommen, daß für „Verlustaufträge" Boni gewährt werden. Einer Unternehmung ist ja schließlich bekannt, daß die Annahme eines Auftrags zwangsläufig zu einer Erhöhung der am Ende der Abrechnungsperiode zu gewährenden Boni führt, auch wenn diese ex ante häufig noch nicht genau bekannt ist. Sollte sich ein Auftrag unter Berücksichtigung dieser – später noch näher zu untersuchenden – Konsequenzen als unrentabel erweisen, steht es ja dem betreffenden Betrieb frei, den betreffenden Auftrag abzulehnen.
Man kann *Wessel* auch nicht folgen, wenn er argumentiert, die Behandlung der Boni als Preisnachlässe würde bedeuten, daß die jeweils ursprünglich ausgestellte Rechnung nur vorläufigen Charakter hätte und daß dies „reichlich konstruiert" anmuten

10 Vgl. *Griesbach, Bernhard*: Rabatte – Preisnachlässe oder Preise?, in: Der Betrieb, 17. Jg. (1964), Nr. 39, S. 1363–1366.
11 Siehe zu dieser Auffassung auch *Dürrhammer, W.*: Rabatte, was sie sind und was sie nicht sind, in: Der Betrieb, 16. Jg. (1963), Nr. 2, S. 37–39, hier insbesondere S. 39.
12 Vgl. zum folgenden *Wessel, H.-H.*: Zusammentreffen von Skonto und Bonus, S. 311 f.
13 Dies betont auch *Löffelholz, Josef*: Repetitorium der Betriebswirtschaftslehre, 2. Aufl., Wiesbaden 1967, S. 331.

würde. Daß die sich aus den Ausgangsrechnungen ergebenden Bruttoerlöse in Betrieben, die Boni gewähren, zunächst nur vorläufigen Charakter haben, resultiert zwangsläufig aus den grundlegenden Wesensmerkmalen eines solchen Mengen-Preissystems, ist also keineswegs „konstruiert". Abgesehen davon bedeutet dies nicht, daß eine Ausgangsrechnung in ihrer Eigenschaft als Zahlungsaufforderung vorläufigen Charakter hat. Man muß stets zwischen den erfolgsmäßigen und den finanzwirtschaftlichen Konsequenzen des Ausstellens einer Rechnung unterscheiden.
Falsch ist es zu behaupten, bei einer Interpretation des Bonus als Preisnachlaß wäre überhaupt keine exakte Berechnung des Bonus-Betrages möglich, weil ein als Preisnachlaß behandelter Bonus den Umsatz kürzen würde, der seinerseits wiederum die Grundlage für die Bonus-Ermittlung darstellt. Die in der Praxis feststellbaren Lieferungsbedingungen sehen ohne Ausnahme vor, daß die Boni jeweils auf den Bruttoumsatz zu berechnen sind.
Schließlich ist auch die These nicht haltbar, daß ein Kunde dann, wenn er eine als Preisnachlaß behandelte Bonus-Gutschrift beim Bezahlen der ersten Lieferung(en) der nächsten Abrechnungsperiode in Abzug bringt, nur den dann noch verbleibenden Restbetrag skontieren könne.

Beispiel:

Rechnungsbetrag der Lieferung	3.000,– DM
./. empfangene Bonus-Gutschrift für die Umsätze des Vorjahres (2 % von 100.000,– DM)	2.000,– DM
verbleibender Restbetrag	1.000,– DM
./. 3 % Skonto	30,– DM
noch zu zahlen	970,– DM

Eine Bonus-Gutschrift mindert als Erlösschmälerung die in der zurückliegenden Abrechnungsperiode getätigten Umsätze, die ihre Berechnungsgrundlage sind, und nicht jene zukünftigen Umsätze, bei deren Zahlung sie vom Kunden in Abzug gebracht wird. Im Beispielfall hätte der Kunde ohne Zweifel 3 % Skonto von 3.000,– DM (also 90,– DM) ziehen können.

(5) *Grenzen einer Bonus-Erfolgsrechnung*
Egler[14] hält die periodenweise Gegenüberstellung der *gewährten* und *empfangenen* Boni für besonders anschaulich und vorteilhaft, unter anderem deshalb, weil man seiner Auffassung nach hierin ein „Barometer zur Ermöglichung einer elastischen Preispolitik" sehen kann. Meines Erachtens bietet die Gegenüberstellung der gewährten und empfangenen Boni keineswegs derartige Vorteile. Der Saldo der „Bonuserträge" und „Bonusaufwendungen" einer Unternehmung kann keine nütz

14 Vgl. *Egler, H.*: Boni und Skonti, S. 656.

lichen Anhaltspunkte für die Preis- und Rabattpolitik vermitteln. Es wäre völlig verfehlt, im Rahmen der Rabattpolitik gegenüber den eigenen Kunden eine Maximierung dieses Saldos anzustreben oder sich dabei von dem Grundsatz leiten zu lassen, daß die „Bonusaufwendungen“ die „Bonuserträge“ möglichst nicht übersteigen sollen. Eine Unternehmung, die bei Lieferanten einkauft, welche grundsätzlich keine Boni gewähren, müßte unter diesen Umständen auch selbst auf jegliche Bonus-Gewährung verzichten oder – falls dies wegen der bestehenden Branchen-Usancen nicht möglich wäre – sogar bemüht sein, ihre Abnehmer von einem Bezug großer Mengen abzuhalten. Daß keine dieser beiden Konsequenzen sinnvoll wäre, liegt auf der Hand. Ebenso abwegig wäre es, wenn Betriebe, die von ihren Lieferanten Boni erhalten, in der Erzielung dieser „Bonuserträge“ eine besondere Rechtfertigung für die Gewährung hoher Bonussätze an ihre eigenen Kunden erblicken würden. Die Rabattpolitik darf grundsätzlich nicht vom Umfang der empfangenen Boni abhängig gemacht werden. Für ihre Festlegung sind in erster Linie absatzwirtschaftliche Aspekte entscheidend. Eine „Bonus-Erfolgsrechnung“ wird für diese Zwecke nicht benötigt. Sie ist überflüssig.

(6) *Verfälschung des Betriebsergebnisses und der Betriebsergebnis-Struktur*
Egler[15] glaubt schließlich auch, daß eine Zurechnung der Boni auf die Warenleistungen dazu führen würde, daß „die Warenrechnung der Großhandelsstufe erheblich an Genauigkeit, Aussagekraft und Vergleichbarkeit verliert“. Er meint, die Aussagefähigkeit der Leistungserfolgsrechnung durch eine Abspaltung der Boni von den Erlösen verbessern zu können. In Wirklichkeit ist das Gegenteil der Fall: Behandelt man die Boni als neutrale Aufwendungen oder als Gegenposten der empfangenen Boni im Rahmen einer besonderen Kontenklasse, klammert man sie also aus der Erlösrechnung und der warenbezogenen Betriebsergebnisrechnung aus, wird eine nach Gewinnmaximierung strebende Unternehmung nicht mehr umfassend und zutreffend über die tatsächlichen Betriebszusammenhänge informiert[16]. Wenn das Betriebsergebnis – wie dies im Hinblick auf die Fundierung und Kontrolle unternehmerischer Entscheidungen erforderlich ist – sämtliche aus der betrieblichen Leistungserstellung und -verwertung resultierenden erfolgsmäßigen Konsequenzen widerspiegeln soll, sind auch die den Kunden gewährten Boni – ebenso wie die empfangenen Boni – innerhalb dieses Teilgebiets des Rechnungswesens auszuweisen. Denn auch diese Beträge sind letztlich auf die Warenlieferungen zurückzuführen.

Bei einer von den Warenlieferungen völlig losgelösten Verrechnung der gewährten Boni werden sowohl für den Betrieb als Ganzes als auch für die einzelnen Leistungs-

15 Vgl. *Egler, H.*: Boni und Skonti, S. 654.
16 In diesem Sinne weist z.B. *Möllers* darauf hin, daß der getrennte Ausweis der Boni von den eigentlichen Warenkonten zwar wichtig ist, weil die deutlich sichtbare Gegenüberstellung der erhaltenen Boni und der weitergegebenen nicht fehlen darf, deutet aber andererseits eine unmittelbare Verrechnung auf den Warenkonten als Erlösschmälerungen an, da gerade die Boni – wie die Skonti – wichtige Gewinnbestandteile seien und da es nicht wenige Betriebe gäbe, für welche die Summe aus Boni und Skonti den reinen Gewinn ausmacht. Vgl. dazu *Möllers, Paul*: Betriebsabrechnung im Handel – Kostenstellen- und Leistungsrechnung – Ein Arbeitsergebnis der RGH, Frankfurt a. Main 1965, S. 36 f.

arten prinzipiell *zu hohe Erlöse* und damit auch *zu hohe Deckungsbeiträge* ausgewiesen, eben weil dieser Abrechnungstechnik die fälschliche Annahme zugrunde liegt, daß vom Absatz der einzelnen Erzeugnisarten überhaupt kein Einfluß auf die Höhe der Boni ausgeht.

Im einzelnen ist vor allem zu bemängeln, *daß der von der Absatzmenge ausgehende Einfluß auf den Erfolg eines Unternehmens falsch dargestellt wird.* Je größere Mengen an einen einzelnen Abnehmer geliefert werden, um so mehr machen sich insbesondere im Vertriebsbereich Kostendegressions-Erscheinungen bemerkbar. Dieser vorteilhafte Effekt geht über die Kostenrechnung voll und ganz in die Warenerfolgsrechnung ein, während andererseits die „Opfer", die man zur Erzielung dieses Vorteils in Kauf nehmen muß, (die gewährten Boni) aus der warenbezogenen Erfolgsrechnung ausgeklammert werden. Dies ist inkonsequent.

Auf die einzelnen Absatzleistungen dürfen nicht nur die positiven Auswirkungen der Belieferung großer Kunden projiziert werden. Dies muß zwangsläufig dazu führen, daß das ausgewiesene Betriebsergebnis auf Schwankungen des periodischen Gesamtumsatz-Volumens stärker reagiert als dies bei sachgerechter Würdigung der Mengenrabattgewährung der Fall sein dürfte. Steigen die Umsätze, beeinflussen die mit dem Absatz größerer Mengen verbundenen Kostenersparnisse das Betriebsergebnis positiv, während die unter solchen Umständen zusätzlich anfallenden Mengenrabatte wegen des Ausweises im neutralen Bereich außer Ansatz bleiben. Aus den gleichen Gründen wird bei einem Umsatzrückgang ein zu starker Abfall des Betriebsergebnisses vorgetäuscht, da sich die Ersparnisse an Mengenrabatten nicht innerhalb der Leistungserfolgsrechnung niederschlagen. Derartige Fehler würden nicht einmal dann vermieden, wenn neben den für den Kauf großer Mengen gewährten Mengenrabatten gleichzeitig auch die bei einer Steigerung der Absatzmenge sinkenden Kosten aus der leistungsbezogenen Erfolgsrechnung ausgeklammert würden. Denn die gewährten Mengenrabatte entsprechen in ihrer Höhe keineswegs generell den mit dem Absatz größerer Mengen erzielbaren Kostenersparnissen. Das liegt daran, daß die Mengenrabatt-Staffeln nicht unmittelbar nach dem Kostenersparnis-Prinzip aufgebaut sind, sondern nach Prinzipien, die eine rationelle Technik der Preisstellung ermöglichen. Das wird am Beispiel der auch in der Praxis weit verbreiteten durchgerechneten Rabattstaffeln besonders deutlich: wie aus Abb. 2 hervorgeht, kommt es beim Überschreiten einer Rabattschwelle zu einem sprunghaften Anstieg dieser Rabatte. Andererseits ist es aber höchst unwahrscheinlich, daß es dann, wenn der Absatz über diese(n) kritische Menge (Wert) steigt, zu einem sprunghaften Abfall der Vertriebskosten oder anderer Aufwendungen kommt. Solche Ersparnisse machen sich vielmehr vor allem in Form der Degression mengenunabhängiger Kosten, also mit einer Zunahme des Absatzvolumens allmählich bemerkbar.

Wenn sämtliche Warenlieferungen mit dem Bruttoerlös bewertet und die den Kunden eingeräumten Boni beispielsweise im Rahmen einer besonderen Kontenklasse als Aufwand verrechnet werden, besteht außerdem die *Gefahr einer Verfälschung der Struktur des Betriebsergebnisses.*

Zutreffende Ergebnisse werden lediglich für jene Leistungsarten ausgewiesen, die an Kunden gehen, welche überhaupt keine Boni erhalten. Die übrigen Leistungsarten werden begünstigt. Welche Konsequenzen sich aus dieser Beeinträchtigung der

Tab. 1: Verfälschung der Betriebsergebnis-Struktur bei einer von den Warenlieferungen völlig losgelösten Verrechnung der gewährten Boni

(Beträge: DM in der Periode - bzw. DM je Engpaßeinheit)

(a) Lieferung an Abnehmer, die wegen des unterschiedlichen Umfangs ihrer Bezüge verschieden hohe Boni erhalten

	in der Periode hergestellte und abgesetzte Leistungsarten	X	Y	Z	Σ
1	den Abnehmern gewährte Boni	1 %	3 %	5 %	
2	Engpaß-Inanspruchnahme bei der Herstellung (z. B. Maschinenstunden, Arbeiterstunden)	450	500	250	1.200

Beurteilung der Leistungsarten bei Ausklammerung der gewährten Boni aus der Leistungserfolgsrechnung

3	verrechnete Erlöse (Brutto-Erlöse)	40.000	100.000	190.000	330.000
4	./. zusätzliche Kosten der Leistungserstellung und -verwertung	31.000	89.000	181.000	301.000
5	scheinbare Deckungsbeiträge in der Periode	9.000	11.000	9.000	29.000
6	scheinbare "engpaßbezogene" Deckungsbeiträge	20,00	22,00	36,00	
7	Rangfolge	(3)	(2)	(1)	

Beurteilung der Leistungsarten bei Einbeziehung der gewährten Boni in die Leistungserfolgsrechnung

8	Brutto-Erlöse	40.000	100.000	190.000	330.000
9	./. den Kunden gewährte Boni	400	3.000	9.500	12.900
10	Netto-Erlöse	39.600	97.000	180.500	317.100
11	./. zusätzliche Kosten der Leistungserstellung und -verwertung	31.000	89.000	181.000	301.000
12	effektive Deckungsbeiträge in der Periode	8.600	8.000	-500	16.100
13	effektive "engpaßbezogene" Deckungsbeiträge	19,11	16,00		
14	Rangfolge	(1)	(2)		

(b) Lieferung an Abnehmer, die gleich hohe Boni erhalten*)

	in der Periode hergestellte und abgesetzte Leistungsarten	X	Y	Z	Σ
1	den Abnehmern gewährte Boni*)	3 %	3 %	3 %	
2	Engpaß-Inanspruchnahme bei der Herstellung (z. B. Maschinenstunden, Arbeiterstunden)	450	500	250	1.200

Beurteilung der Leistungsarten bei Ausklammerung der gewährten Boni aus der Leistungserfolgsrechnung

- vgl. hierzu die Zeilen 3-7 des oberen Tabellenteils -

Beurteilung der Leistungsarten bei Einbeziehung der gewährten Boni in die Leistungserfolgsrechnung

3	Brutto-Erlöse	40.000	100.000	190.000	330.000
4	./. den Kunden gewährte Boni*)	1.200	3.000	5.700	9.900
5	Netto-Erlöse	38.800	97.000	184.300	320.100
6	./. zusätzliche Kosten der Leistungserstellung und -verwertung	31.000	89.000	181.000	301.000
7	effektive Deckungsbeiträge in der Periode	7.800	8.000	3.300	19.100
8	effektive "engpaßbezogene" Deckungsbeiträge	17,33	16,00	13,20	
9	Rangfolge	(1)	(2)	(3)	

*) Unterstellung: Für Umsätze über 30.000 DM bis unter 200.000 DM werden einheitlich 3 % Bonus gewährt.

Erlös-Informationen für das Treffen und Kontrollieren betrieblicher Entscheidungen ergeben können, wird in Tabelle 1 anhand eines einfachen Beispiels erläutert. Dieses Beispiel nimmt auf einen mit der Deckungsbeitragsrechnung arbeitenden Betrieb Bezug, der in einer bestimmten Abrechnungsperiode drei verschiedene Leistungsarten abgesetzt hat, und zwar an Kunden, die jeweils nur eine dieser Erzeugnissorten gekauft haben („Einprodukt-Kunden"). Teil (a) der Tabelle basiert auf der Annahme, daß die Abnehmer der verschiedenen Leistungsarten wegen des sehr ungleichen Umfangs ihrer Bezüge verschieden hohe Boni erhalten, während Teil (b) völlig gleiche Absatzbedingungen für die drei Leistungsarten, also auch gleich hohe Bonus-Sätze, unterstellt[17].

Werden die gewährten Boni aus der Leistungserfolgsrechnung eliminiert, so entsteht der Eindruck, als würde der angenommene Engpaß des Unternehmens von Leistungsart Z am ergiebigsten und von Leistungsart X am schlechtesten genutzt (vgl. die Zeilen 3–7). Dagegen muß man, wenn man bedenkt, daß bei Eliminierung einer Leistungsart aus dem Programm auch die für sie gewährten Boni entfallen würden, erkennen, daß in Wirklichkeit durch die Leistungsart X der höchste Erfolg je in Anspruch genommene Engpaßeinheit erzielt wird, während die Leistungsart Z überhaupt keinen positiven Deckungsbeitrag erbringt. Diese Leistungsart dürfte also – wenn keine außergewöhnlichen absatzwirtschaftlichen Erfordernisse dagegen sprechen – eigentlich überhaupt nicht in das Programm aufgenommen werden.

Wie man sieht, kann ein Vorgehen nach den hier kritisierten Grundsätzen in ungünstig gelagerten Fällen dazu führen, *daß die erfolgsmäßige Rangfolge der verschiedenen Programmkomponenten eines Mehrproduktbetriebes unzutreffend beurteilt wird*, unter Umständen sogar dazu, daß eine Leistungsart, die in Wirklichkeit einen Verlust verursacht, als gewinnbringend erscheint. Das gilt in analoger Weise auch für jene Fälle, in denen man bei der Programmplanung wegen des Vorliegens mehrerer Engpässe oder aus ähnlichen Gründen mit mathematischen Programmierungsmethoden arbeiten muß. Bei einer generellen Bewertung der Warenleistungen mit den Bruttoerlösen enthält die Zielfunktion des Programm-Ansatzes zu hohe Zielkoeffizienten. Mängel der vorstehend erläuterten Art sind ceteris paribus um so stärker ausgeprägt, je höher die Bonus-Sätze sind. In diesem Zusammenhang erscheint es notwendig, darauf hinzuweisen, daß in der Praxis mitunter auch relativ hohe, über 10 % hinausgehende Bonus-Sätze anzutreffen sind. So wird in der Literatur etwa ein Beispiel aus der Nahrungs- und Genußmittelindustrie angeführt, in dem ein Unternehmen seinen Kunden Jahresumsatzprämien in Höhe von 5 bis 15 % bei Jahresumsätzen ab 5.000 DM gewährt[18]. Die Mengenrabattstaffelung der Hersteller von Ski-Bindungen reicht bis zu 20 %[19].

Bemerkenswert erscheint außerdem, daß die Gefahr einer Verfälschung der Betriebsergebnis-Struktur bei Behandlung der Boni als Aufwendungen prinzipiell auch dann besteht, wenn die verschiedenen Leistungsarten an Kunden geliefert werden,

17 Um das Problem der Verrechnung empfangener Boni auszuklammern, wird angenommen, daß der betrachtete Betrieb von seinen Lieferanten keine Boni erhält.

18 Vgl. *Geist, M. – Döring, J. – Herr, M. – Witt, J.*: Erfolgskontrolle der Auftragsgrößen, S. 34.

19 Vgl. Überkapazitäten und Mismanagement bedrohen Skihersteller, in: Industriemagazin, Jg. 1972, H. 11, S. 40–44, hier S. 43.

die *gleich hohe Boni* erhalten (vgl. Teil (b) der Tabelle 1). Es kann also auch dann, wenn man den Erlös aller Leistungsarten um den gleichen Prozentsatz zu hoch ansetzt, zu einer Veränderung der Rangordnung der „engpaßbezogenen" Deckungsbeiträge kommen. Dies liegt daran, daß solche Leistungsarten, die pro Engpaßeinheit einen verhältnismäßig hohen Erlös erbringen, von einem solchen Fehler stärker betroffen werden als jene, die nur einen relativ niedrigen „engpaßbezogenen" Erlös (Erlös je Engpaßeinheit) aufweisen.

Zu den vorstehend genannten Mängeln kommt hinzu, daß sich bei einer von den Warenlieferungen völlig losgelösten Verrechnung der gewährten Boni im Rahmen von Break-even-Analysen auch *falsche Informationen über die Gewinnschwellen* ergeben, weil ein zu starker Anstieg der Erlöse mit der Absatzmenge fingiert wird.

Für Unternehmungen, die ihre Leistungen auch heute noch nach den traditionellen Prinzipien der Vollkosten- und Nettoergebnisrechnung abrechnen, gelten die vorstehenden Ausführungen zumindest sinngemäß, wenn nicht sogar in ganz besonderem Maße. Denn die Nettogewinne sind wegen der anteilig verrechneten Gemeinkosten stets um einiges niedriger als die Bruttogewinne der Deckungsbeitragsrechnung. Deshalb wird ihre absolute und relative Höhe davon, ob die gewährten Mengenrabatte in die Leistungserfolgsrechnung eingerechnet werden oder nicht, besonders stark beeinflußt.

Bei *Einbeziehung der gewährten Boni in die Kostenrechnung* wird zwar der Ausweis eines falschen Betriebsergebnisses vermieden, denn neben den positiven Auswirkungen des Verkaufs großer Mengen gehen auch dessen negative Wirkungen (der Anfall von Mengenrabatten) über die Kostenrechnung in die innerbetriebliche Ergebnisrechnung ein, doch kann es nach wie vor zu einer *Verfälschung der Erlös- und Betriebsergebnis-Struktur* kommen. Damit ist auf jeden Fall dann zu rechnen, wenn die Mengenrabatte als Vertriebsgemeinkosten angesehen und somit im Vertriebszuschlag auf die Kostenträger „umgelegt" werden. Denn unter diesen Umständen werden die Fehler der Gemeinkostenschlüsselung auch auf die Verrechnung der gewährten Boni übertragen. Aus der Sicht der Anforderungen, die an ein entscheidungsorientiertes Rechnungswesen zu stellen sind, ist ein solches Vorgehen allein deshalb zu kritisieren, weil für die Verrechnung der Vertriebskosten normalerweise nicht die für die Berechnung der Boni relevanten Bruttopreise, sondern andere Größen (wie z.B. die Herstellkosten) als Schlüssel herangezogen werden. Da das Verhältnis zwischen diesen Schlüsseln und den Bruttopreisen von Leistungsart zu Leistungsart sehr verschieden sein kann, könnte man diesen Verrechnungsmodus nicht einmal dann akzeptieren, wenn sämtliche Kunden gleich hohe Boni erhalten würden.

Diesem Fall kommt aber keine große praktische Bedeutung zu. In der Regel ist davon auszugehen, daß die einzelnen Abnehmer eines Betriebes wegen des unterschiedlichen Umfangs ihrer Bezüge auch unterschiedlich hohe Boni erhalten. Diese Fakten werden bei einer Weiterverrechnung der gewährten Boni als Vertriebsgemeinkosten ebenfalls vernachlässigt. Es werden alle Absatzleistungen „anteilig" mit Boni belastet – völlig unabhängig davon, an welche Kunden sie gegangen sind. So wird über die Verrechnung innerhalb der Vertriebsgemeinkosten selbst jenen Leistungsarten ein gewisser Prozentsatz für Boni aufgebürdet, die ausschließlich an kleine Kunden, die überhaupt nicht in den Genuß von Boni kommen, geliefert wurden. Wie stark eine bestimmte Leistungsart mit Boni belastet wird, hängt immer dann, wenn diese Nachlässe als Vertriebsgemeinkosten weiterverrechnet werden, nicht nur vom Umfang der Bezüge der speziellen Abnehmer dieser Leistungssorte ab, sondern auch vom Umfang der Bezüge aller anderen Kunden jenes Unternehmens. Nimmt der Anteil der großen Kunden zu (bzw. ab), so werden sämtliche Warenlieferungen mit höheren (bzw. niedrigeren) Boni belastet – auch solche, deren Abnehmer nach wie vor die gleichen Boni erhalten. Daß derartige Einflüsse die Aussagefähigkeit der betrieblichen Ergebnisrechnung stark herabsetzen, leuchtet unmittelbar ein. Auch im Hinblick auf die in der Praxis heute noch weit verbreitete Technik der Preiskalkulation muß die Behandlung der Mengenrabatte als Vertriebsgemeinkosten kritisiert werden. In der Regel geht man bei der Durchführung solcher Kalkulationen so vor, daß man zu den ermittelten Selbstkosten einen den jeweiligen Absatzbedingungen entsprechenden Zuschlag für Mengenrabatte hinzufügt. Angesichts dieser Tatsache kommt es zwangsläufig zu einer Doppelverrechnung und damit zu Fehlern, wenn bereits in den kalkulierten Vertriebsgemeinkosten solche Preisnachlässe enthalten sind.

b) Die Notwendigkeit einer Verrechnung innerhalb der Erlösrechnung

Die vorausgehenden kritischen Bemerkungen müssen noch durch die an anderer Stelle schon kurz angedeutete Feststellung ergänzt werden, *daß die betriebliche Erlösrechnung* immer dann, wenn die gewährten Boni als Aufwand oder Kosten verrechnet werden, *einen zu hohen Umsatz vortäuscht.* Sie weist Beträge aus, die in Wirklichkeit überhaupt nicht erwirtschaftet wurden, die letztlich überhaupt nicht von den Kunden zugeflossen sind. Diese Mängel werden bei einer Verrechnung als Erlösschmälerungen vermieden: Die Erlösrechnung schließt mit jenen Beträgen ab, die nach Abzug der effektiv angefallenen Boni verbleiben. Die so gewonnenen Ergebnisse entsprechen den an die Gestaltung einer entscheidungsorientierten Erlösrechnung zu stellenden Anforderungen weit besser als jene, die sich bei Anwendung der im Vorausgehenden analysierten Verrechnungsmodi ergeben. Sie korrespondieren auch mit der üblichen Auslegung des Erlösbegriffs. Wenngleich dieser Terminus keineswegs einheitlich gebraucht wird[20], so überwiegt doch die Auffassung, daß letztlich – wenn es im innerbetrieblichen Rechnungswesen um die Gegenüberstellung von Erlösen und Kosten geht – nur jene Beträge als Erlöse angesehen werden dürfen, die der betreffenden Unternehmung nach Abzug sämtlicher Preisnachlässe, Berichtigungen und Korrekturen effektiv von ihren Abnehmern als Entgelt für die Veräußerung irgendwelcher Güter oder Leistungen bzw. als Entgelt für die Veräußerung der vom Betrieb in Erfüllung der Unternehmungsaufgabe erstellten Leistungen zugeflossen sind[21]. Betriebe, die ihren Kunden Boni gewähren, müssen

20 Vgl. hierzu auch *Männel, Wolfgang*: Möglichkeiten und Grenzen des Rechnens mit Opportunitätserlösen, in: Beiträge zur betriebswirtschaftlichen Ertragslehre, Festschrift für Erich Schäfer zum 70. Geburtstag, hrsg. v. Paul Riebel, Opladen 1971, S. 201–246, hier S. 209 f.

21 Siehe dazu insbesondere *Mellerowicz, Konrad*: Kosten und Kostenrechnung, I. Band, 4. Aufl. Berlin 1963, S. 195. – *Kosiol, Erich*: Erlös, in: Handwörterbuch der Betriebswirtschaft, Bd. I, 3. Aufl., hrsg. v. Hans Seischab und Karl Schwantag, Stuttgart 1956,

also zwischen Brutto- und Netto-Erlösen unterscheiden und beim Aufbau der Erfolgsrechnung die Kosten den letztgenannten Beträgen gegenüberstellen. Ein solches Vorgehen wird teilweise sogar von Autoren aus dem Bereich des Handels[22] gefordert. Auch andere Betriebswirte sprechen sich hierfür aus[23], und einige Kontenrahmen sehen ausdrücklich vor, daß die gewährten Boni als Erlösschmälerungen bzw. Erlösberichtigungen verbucht werden[24]. Dies korrespondiert auch mit der bereits dargelegten umsatzsteuerrechtlichen Interpretation der Boni. An anderer Stelle wurde schon erwähnt, daß dieses Vorgehen auch mit der üblichen Auslegung des Begriffs „Erlösschmälerungen" im Einklang steht, selbst wenn dieser Terminus in

Sp. 1671 f. – *Schmalenbach, Eugen*: Kostenrechnung und Preispolitik, 7. Aufl., Köln und Opladen 1956, S. 13. – *Beste, Theodor*: Die kurzfristige Erfolgsrechnung, 2. Aufl., Köln und Opladen 1962, S. 143–151.
Die Einschränkung des Erlösbegriffs auf „vom Betrieb erstellte" Leistungen findet man insbesondere bei *Rößle, K.*: Die Erlösdisposition, in: Internationales Gewerbearchiv, 1. Jg. (1953), H. 2, S. 57–76, hier S. 58 f. – *Kilger, Wolfgang*: Betriebliches Rechnungswesen, in: Allgemeine Betriebswirtschaftslehre in programmierter Form, hrsg. v. H. Jacob, Wiesbaden 1969, S. 833–943, hier S. 849. – *Gartner, Gerhard*: Probleme und Möglichkeiten einer betriebswirtschaftlichen Ertragsanalyse, Diss. Mannheim 1960, S. 15. – *Grubener, Friedhelm*: Die Planerlösrechnung, Diss. Köln 1966, S. 2 f. – *Lehmberg, Jürgen*: Die Umsatzerlöse und ihre Erfassung, in: Kostenrechnungspraxis, Jg. 1970, Nr. 1, S. 25–34.

22 So schlägt z.B. Winkler vor, vom üblichen Abrechnungsmodus des Großhandels abzugehen und die Boni (er nennt sie „Zeitrabatte") als Erlösschmälerungen zu erfassen. Vgl. *Winkler, Heinz*: Der Außenhandelsbetrieb und sein Kontenrahmen, Hamburg 1961, S. 23.

23 Vgl. v.a. *Adler / Düring / Schmaltz*: Rechnungslegung und Prüfung der Aktiengesellschaft, 4. Aufl., bearbeitet von Kurt Schmaltz, Karl-Heinz Forster, Reinhard Goerdeler und Hans Havermann, Band 1, Rechnungslegung, Stuttgart 1968, S. 724. – *Latendorf, Heinz*: Der Prozeß der industriellen Ertragsbildung und seine Analyse, Berlin 1958, S. 18. – *Meier, Albert*: Kostenprüfung, Köln und Opladen 1959, S. 104.

24 Der Industrie-Kontenrahmen, hrsg. vom Betriebswirtschaftlichen Ausschuß des Bundesverbandes der Deutschen Industrie e.V., Herbst 1970, S. 73. – Industrie-Kontenrahmen, Ausgabe Druckindustrie, hrsg. vom Bundesverband Druck e.V., Wiesbaden 1971, S. 24. – Gemeinschafts-Kontenplan zum Gemeinschafts-Kontenrahmen der Industrie (GKR), hrsg. vom Betriebswirtschaftlichen Ausschuß des Bundesverbandes der Deutschen Industrie, Frankfurt a.M., o.J., S. 29. – Kontenrahmen für die Bekleidungsindustrie, hrsg. vom Bundesverband Bekleidungsindustrie, Bonn 1959, S. 66. – *Kinnebrock, Franz*: Der Kontenrahmen für Brauereien, Nürnberg 1958, S. 11. – Kontenrahmen für die Beutelindustrie, Band 1 der Schriftenreihe Vereinheitlichung des Rechnungswesens der Beutelindustrie, Ausgabe 1964, im Auftrage des Fachverbandes der Beutelindustrie e.V. vorgelegt von Josef Mathieu und Paul Müller-Giebeler, Frankfurt 1965, S. 22. – Kontenrahmen für die Fleischwarenindustrie mit Buchungsschlüssel, hrsg. vom Verband der Deutschen Fleischwaren- und Feinkostindustrie e.V., 2. Aufl., Köln 1967, S. 16 in Verbindung mit S. 20. – Kontenrahmen für die Geschäftsbuchführung in der Textilindustrie, hrsg. vom Gesamtverband der Textilindustrie in der Bundesrepublik Deutschland, Frankfurt a. Main 1952, S. 30 in Verbindung mit S. 47 und 44. – Kontenrahmen der Schuhindustrie, bearbeitet vom Betriebswirtschaftlichen Ausschuß und Treuhand-Vereinigung AG, Frankfurt/Main, hrsg. vom Hauptverband der Deutschen Schuhindustrie e.V., o.J., S. 61 in Verbindung mit S. 128. – Buchführungs- und Kostenrechnungsrichtlinien für Ziehereien und Kaltwalzwerke, bearbeitet von C.E. Schulz, hrsg. von der Wirtschaftsvereinigung Ziehereien und Kaltwalzwerke, Düsseldorf 1953, Anlage 1, S. 10 (Kontenklasse 92). – Kontenrahmen sowie Kalkulations- und Kostenrechnungsrichtlinien für die Kurzwarenindustrie, hrsg. vom Fachverband Kurzwaren (Eisen / Metall / Kunststoff), Hagen 1966, S. 30. – Erweiterter Kontenrahmen für die Papier- und Pappeverarbeitung, hrsg. vom Verband der Wellpappen-Industrie e.V., Darmstadt o.J., Kontenklasse 8. – Sonderkontenrahmen Steinkohlenbergbau der Wirtschaftsgruppe Bergbau, Essen 1942, S. 41 f. – Für erfolgreiche Unternehmensführung im Metallhandwerk: Kontenrahmen und Buchungsschlüssel, hrsg. vom Bundesverband Metall,

der Literatur teilweise sehr unterschiedliche Auslegungen erfährt[25]. Wird – in dem Bestreben, den vagen Begriff Erlösschmälerungen zu umgehen – zwischen Erlösminderungen (den durch ein Brutto-Preissystem bedingten Abzugsposten) und Erlösberichtigungen unterschieden, so sind die gewährten Boni unter den zuerst genannten Begriff zu subsumieren.

2. Behandlung der auftragsgrößenbezogenen Mengenrabatte

a) Kritik an der Behandlung als Aufwendungen

Auch über die Erfassung und Verrechnung der auftragsgrößen- bzw. auftragswertbezogenen Mengenrabatte bestehen innerhalb des Schrifttums sowie in der Praxis unterschiedliche Auffassungen. Zwar pflegen die Betriebe des Großhandels und die Einkaufsvereinigungen diese Beträge – anders als die Boni – direkt als Gegenposten der Warenerlöse zu verbuchen[26], doch wird andererseits von *Zint* gefordert, solche Mengenrabatte auf einem gesonderten „Aufwandskonto" zu erfassen[27], das erst am Ende der Abrechnungsperiode „über das Warenverkaufskonto" aufgelöst werden soll. Praktisch bedeutet dies, daß den Rabatten zumindest vorübergehend „Aufwands-Charakter" zugesprochen wird, daß sie zumindest vorübergehend von den Warenlieferungen abgespalten werden. Diese – wie sich später zeigen wird – nachteilige Wirkung wird durch die Rückbuchung am Periodenende keineswegs völlig aufgehoben, denn eine solche Rückbuchung auf das Warenverkaufskonto kann grundsätzlich nur global erfolgen, so daß es unter diesen Umständen unmöglich ist, die Rabatte genau jenen Lieferungen zuzurechnen, für die sie ehemals angefallen sind. Bereits aus diesem Grund ist ein solches Vorgehen abzulehnen[28]. Innerhalb des

Lübeck 1970, S. 18 und 26. – Fach-Kontenrahmen für das Faß- und Weinküfer-Handwerk, bearbeitet von Robert Reinert, hrsg. vom Verband des Deutschen Faß- und Weinküfer-Handwerks, o.O., o.J., S. 50.
Teilweise wird dabei gleichzeitig die meines Erachtens inkonsequente Auffassung vertreten, empfangene Boni seien als Erlöse bzw. Erträge zu behandeln. Vgl. dazu *Bartsch, G.M.*: Kontenrahmen für die Betriebe des Buch-, Zeitungs- und Zeitschriftengroßhandels, hrsg. vom Verband Deutscher Buch-, Zeitungs- und Zeitschriften-Grossisten e.V., o.O., o.J., S. 29, ferner Kontenrahmen für die Kunststoffverarbeitende Industrie, hrsg. vom Gesamtverband Kunststoffverarbeitende Industrie e.V., Frankfurt a. M. 1959, S. 40 in Verbindung mit S. 24.

25 Vgl. *Männel, Wolfgang*: Kundenskonti im entscheidungsorientierten Rechnungswesen, Herne / Berlin 1971, S. 59 f.

26 Vgl. *Ziegler, F.*: Rabatt, Bonus und Skonto, S. 303.

27 Vgl. *Zint, W.*: Doppelte Buchführung, S. 44 f. – Ähnlich äußern sich *Fischer, J. – Heß, O. – Seebauer, G.*: Buchführung und Kostenrechnung, S. 306. Ihre Ausführungen stellen allerdings primär auf empfangene Mengenrabatte ab: „Für einzelne Zweige des Handels und unter Umständen auch einzelne Industriezweige, in denen auch den laufenden Rabatten außergewöhnliche Bedeutung zukommt, lassen die Kostenrechnungsgrundsätze die Möglichkeit offen, diese Posten gesondert zu erfassen und bei der Ermittlung der Einkaufs- und Einstandspreise unberücksichtigt zu lassen".

28 Auch *F.G. Gygax* (Preiskonditionen, S. 105) wendet sich gegen eine Interpretation der gewährten Auftragsgrößenrabatte als Aufwand: „Die Preiskonditionen (gemeint sind nach der Auftragsgröße gestaffelte Mengenrabatte, W.M.) sind weder für den Käufer ‚Ertrag' noch für den Verkäufer ‚Aufwand'."

entscheidungsorientierten Rechnungswesens darf die Gliederung nach Arten von Erfolgsvariablen keinesfalls generell zum vorrangigen Prinzip erhoben werden. Eine solche Gliederung ist nicht mehr gerechtfertigt, wenn sie dazu führt, daß wirtschaftlich zusammengehörende, d.h. auf die gleiche Entscheidung zurückgehende Vorgänge (wie hier der Anfall der Bruttoerlöse eines Auftrags und der Anfall der dafür gewährten Mengenrabatte) auseinandergerissen werden. In diesem Sinne ist zu fordern, daß die Mengenrabatte im internen Rechnungswesen *als Erlösschmälerungen* ausgewiesen werden, und zwar *bei jenen Aufträgen, für die sie gewährt wurden.*

b) Kritik an einer Nettoverbuchung der Auftragserlöse

Im betriebswirtschaftlichen Schrifttum werden die auftragsgrößen- bzw. auftragswertabhängigen Mengenrabatte jedoch keineswegs generell zu den Erlösschmälerungen gezählt[29]. Einige Autoren vertreten die Meinung, daß die auf den Rechnungen unmittelbar abgesetzten Rabatte grundsätzlich nicht als Erlösschmälerungen bezeichnet werden dürfen. Sie schränken den Begriff Erlösschmälerungen auf die *nachträglichen* Erlösminderungen ein. Dies ist nicht nur unter terminologischen Aspekten von Interesse, sondern auch deshalb, weil damit – zumindest implizit – eine „Nettoverbuchung" der nach Abzug der Mengenrabatte verbleibenden Auftragserlöse gefordert wird[30].

29 Zur Interpretation der Auftragsgrößenrabatte als Erlösschmälerungen vgl. vor allem *Mellerowicz, K.*: Kosten und Kostenrechnung, Band II, Teil 1, 3. Aufl., Berlin 1957, S. 323 f. – *Grübener, F.*: Die Planerlösrechnung, S. 105. – *Henzel, Friedrich*: Die Kostenrechnung, 4. Aufl., Essen 1964, S. 30. – *Adler / Düring / Schmaltz*: Rechnungslegung und Prüfung der Aktiengesellschaft, Band 1, Rechnungslegung, S. 724. – *Meier, Albert*: Kostenprüfung, S. 104. Siehe außerdem Kontenrahmen der Schuhindustrie, S. 61 in Verbindung mit S. 139. – Kontenrahmen für die Beutelindustrie, S. 22 in Verbindung mit S. 78.
Überdies wird an verschiedenen Stellen des einschlägigen Schrifttums ohne spezielle Bezugnahme auf Mengenrabatte hervorgehoben, daß Rabatte ganz allgemein zu den Erlösschmälerungen bzw. Erlösberichtigungen zu zählen sind. Vgl. dazu vor allem Gemeinschafts-Kontenplan zum Gemeinschafts-Kontenrahmen der Industrie (GKR), S. 29. – Kontenrahmen für die Bekleidungsindustrie, S. 66. – Kontenrahmen für die Fleischwarenindustrie mit Buchungsschlüssel, S. 16 in Verbindung mit S. 33. – Grundlagen der Kostenrechnung in Metallgießereien, bearbeitet von Hanskarl Schmidt, hrsg. vom Gesamtverband Deutscher Metallgießereien e.V., Düsseldorf 1963, S. 28. – Sonderkontenrahmen Steinkohlenbergbau der Wirtschaftsgruppe Bergbau, S. 42. – Kontenrahmen für die Geschäftsbuchführung in der Textilindustrie, S. 30 in Verbindung mit S. 42 und 44. – Kontenrahmen für die Zellstoff-, Holzstoff-, Papier- und Pappenerzeugung, bearbeitet von Walter Endres, hrsg. vom Betriebswirtschaftlichen Ausschuß der Treuhandstelle der Zellstoff- und Papierindustrie e.V., Köln und Opladen 1955, S. 51. – *Bartsch, G.M.*: Kontenrahmen für die Betriebe des Buch-, Zeitungs- und Zeitschriftengroßhandels, S. 29. – Für erfolgreiche Unternehmensführung im Metallhandwerk: Kontenrahmen und Buchungsschlüssel, S. 18 und 38. – Fach-Kontenrahmen für das Faß- und Weinküfer-Handwerk, S. 50.

30 Siehe zu dieser Terminologie vor allem *Schmalenbach, E.*: Kostenrechnung und Preispolitik, S. 338. – *Latendorf, H.*: Der Prozeß der industriellen Ertragsbildung, S. 18. – *Auffermann, J.D.*: Die Prüfung der Kostenrechnung, Stuttgart 1947, S. 115. – *Marx, August*: Verbandseigene Buchführungs- und Kostenrechnungsrichtlinien – Ein kritischer Vergleich mit den Einheitsrichtlinien des BDI und den Einheitsregelungen von 1937/1939, I. Teil: Kontenrahmen und Buchführungsrichtlinien, hrsg. vom Betriebswirtschaftlichen Ausschuß des Verbandes der Chemischen Industrie e.V., Wiesbaden 1965, S. 98–100.
Vgl. außerdem Industrie-Kontenrahmen, Ausgabe Druckindustrie, S. 24. – Der Industrie-

Dieser Vorschlag kann nicht akzeptiert werden, da er einem ins Gewicht fallenden Informationsverlust gleichkommt. Im Sinne einer Kontrolle der laufenden Absatzdispositionen ist es dringend erforderlich, die Höhe der Rabatte ständig zu überwachen, und zwar nicht global, sondern differenziert nach Kunden, Kundengruppen, Absatzwegen, Absatzgebieten, Leistungssparten und ähnlichen absatzwirtschaftlichen Merkmalen. Dies kann nicht innerhalb der primär auf externe Zwecke ausgerichteten Finanzbuchhaltung, sondern nur im Rahmen der entscheidungsorientierten Erlösrechnung geschehen. Vor allem für die Erlösanalyse ist es wichtig, zu wissen, welche Kunden welche Mengenrabatte erhalten. Aus einer nach diesen Gesichtspunkten differenzierenden Statistik der Erlöse und Erlösschmälerungen lassen sich wertvolle Anhaltspunkte für die Absatzpolitik ableiten. Sie dient den Entscheidungen über die Selektion von Kunden oder Teilmärkten.

Wie unmittelbar einleuchtet, bedeutet das vorstehend Gesagte zugleich, daß die gewährten Mengenrabatte auch bei der Ermittlung von Deckungsbeiträgen für Leistungen, Leistungsarten, Leistungsgruppen, Perioden und andere Bezugsobjekte berücksichtigt, d.h. von den Bruttoerlösen in Abzug gebracht werden müssen. Das setzt allerdings voraus, daß die auftragsgrößen- und periodenbezogenen Mengenrabatte diesen Kalkulationsobjekten auch zurechenbar sind. Dieser Frage wird im folgenden nachgegangen.

Kontenrahmen, S. 73. – Kontenrahmen und Buchführungsrichtlinien für die Holzverarbeitende Industrie, hrsg. vom Hauptverband der Deutschen Holzverarbeitenden Industrie, Wiesbaden 1949, S. 39. – *Schott, G.*: Kontenrahmen für die Keramische Industrie, Nürnberg 1957, S. 42. – Kontenrahmen sowie Kalkulations- und Kostenrechnungsrichtlinien für die Kurzwarenindustrie, S. 30. – Kontenrahmen der Mörtelindustrie, hrsg. vom Bundesverband Kies-, Sand- und Mörtelindustrie e.V., Duisburg 1967, S. 29. – Buchführungs- und Kostenrechnungsrichtlinien für Ziehereien und Kaltwalzwerke, S. 16. – *Winkler, Heinz*: Der Außenhandelsbetrieb und sein Kontenrahmen, Hamburg 1961, S. 23.

VI. Weiterverrechnung der gewährten Mengenrabatte auf einzelne Leistungsarten

1. Grundlagen

Die Weiterverrechnung von gewährten Mengenrabatten auf einzelne Leistungsarten ist in Mehrproduktbetrieben vor allem für die Programmplanung und Programmanalyse bedeutsam. Um solche Dispositions- und Kontrollaufgaben lösen zu können, muß man die Deckungsbeiträge der verschiedenen Leistungsarten kennen, und bei deren Ermittlung ist zwangsläufig zu klären, ob – und gegebenenfalls in welchem Umfang – gewährte Mengenrabatte auf die einzelnen Programmkomponenten entfallen. Daß die bereits unter terminologischen Aspekten kritisierte Behandlung der gewährten Mengenrabatte als Aufwendungen oder Kosten keine befriedigende Antwort auf diese Frage enthalten kann, ist offensichtlich. Als neutrale Aufwendungen ausgewiesene Mengenrabatte werden ebenso wie jene, die man im Rahmen einer gesonderten Kontenklasse den empfangenen Mengenrabatten gegenüberstellt, überhaupt nicht auf Leistungsarten weiterverrechnet, und eine Einbeziehung in die Kosten führt – wie gezeigt wurde – ebenfalls zu unbrauchbaren Ergebnissen. Gegenstand der weiteren Analysen ist daher allein die Frage, *wie als Erlösschmälerungen behandelte Mengenrabatte auf einzelne Leistungsarten weiterzuverrechnen sind.*

Eine Antwort hierauf ließe sich ohne große Schwierigkeiten geben, wenn es in Mehrproduktbetrieben üblich wäre, für jeden Artikel des Sortiments eine besondere Mengenrabatt-Staffel festzusetzen (artikelbezogene Mengenrabatte[1]). Aus den schon genannten Gründen wird aber von einer solchen Rabattpolitik in der Praxis nur selten Gebrauch gemacht. In den meisten Fällen stellen die Mengenrabatte auf die mit einem Kunden *in der Periode insgesamt getätigten Umsätze* bzw. auf den *Gesamtwert des einzelnen Auftrags* ab. Angesichts dieser Technik der Rabattgewährung wird die Zurechnung von Mengenrabatten auf einzelne Leistungsarten immer dann problematisch, *wenn an einen Kunden während einer Periode bzw. innerhalb eines Auftrags verschiedene Leistungsarten geliefert werden.* Denn welchen Bonus oder Auftragsgrößenrabatt ein Abnehmer für seine Bezüge erhält, hängt unter diesen Umständen nicht von einer einzelnen Produktsorte allein, sondern von der Gesamtheit aller während der Periode bzw. innerhalb des betreffenden Auftrags an jenen Kunden gelieferten Leistungsarten ab. Die Technik der Rabattgewährung löst also eine gewisse *absatzwirtschaftliche Leistungs- bzw. Erlösverbundenheit* aus.

1 Vgl. *Fiuczynski, H.-W.*: Die Produkt- und Preispolitik der Markenartikelhersteller, S. 190 f.

Im folgenden ist zu überprüfen, ob und gegebenenfalls inwieweit die Zurechnung von Mengenrabatten auf einzelne Leistungsarten durch diese Form des Absatzverbundes erschwert wird. Eine solche Analyse erscheint um so lohnender, je mehr man bedenkt, daß man sich in der Praxis – aber auch in der Theorie – bei der Ausgestaltung der innerbetrieblichen Ergebnisrechnung solcher Verbundeffekte nur selten bewußt wird. Das traditionelle Konzept der innerbetrieblichen Kosten- und Leistungsrechnung basiert auch heute noch weitgehend auf der Vorstellung, man konne die Erlose, Erlösschmälerungen und Kosten in addierbare, den verschiedenen Leistungsarten zurechenbare Teile aufspalten. Daß diese Annahme bezüglich der Kosten allenfalls teilweise gerechtfertigt ist, wurde während der letzten Jahre im Zuge der Entwicklung der modernen Teilkostenrechnungsmethoden immer deutlicher herausgestellt. Doch wird die Zurechenbarkeit von Erlösen und Erlösschmälerungen auf einzelne Leistungsarten auch in diesen Abrechnungssystemen prinzipiell nicht in Zweifel gezogen[2].
Es ist daher an der Zeit, die Grenzen der Ermittlung von Erfolgsgrößen für einzelne Leistungsarten auch von der Erlösseite her abzustecken. Dies soll hier für die mengenrabattbedingten Erlösschmälerungen geschehen, für periodenbezogene und auftragsgrößenbezogene Mengenrabatte. Im Vordergrund der Untersuchungen stehen periodenbezogene *Gesamtumsatzrabatte* (Boni), und zwar zunächst jene, die nach dem *Anstoßprinzip* gestaffelt sind. Bevor hierauf ausführlich eingegangen wird, sind jedoch einige kurze Anmerkungen zu jenen Gesamtumsatzrabatten erforderlich, die *in Abhängigkeit von den Umsätzen der Vorperiode* eingeräumt werden.

2. Die Weiterverrechnung von Mengenrabatten, die in Abhängigkeit von den Umsätzen der Vorperiode eingeräumt werden

Wird den Kunden bei jeder Bestellung von vornherein ein gewisser Mengenrabatt eingeräumt, der nach der Höhe der mit dem betreffenden Abnehmer in der Vorperiode getätigten Umsätze gestaffelt ist, so ergeben sich für die Zurechnung solcher Erlösschmälerungen auf Leistungsarten keine besonderen Schwierigkeiten. Denn bei solchen Rabatten liegt keine absatzwirtschaftliche Leistungsverbundenheit der vorstehend angesprochenen Art vor.
Obwohl die Höhe der Nettoerlöse eines Unternehmens ganz offensichtlich auch vom mengen- bzw. wertmäßigen Absatz des vorausgehenden Zeitraums abhängt, wird die Zurechenbarkeit der im laufenden Zeitraum von einem Kunden zugeflos-

2 Lediglich *Riebel* macht in seinen jüngsten Veröffentlichungen darauf aufmerksam, daß diese Bedingung nicht ohne weiteres als erfüllt angesehen werden darf. Vgl. *Riebel, Paul*: Grundlagen des Rechnens mit relativen Einzelkosten und Deckungsbeiträgen (II), in: Zeitschrift für Buchhaltungsfachleute, 10. Jg. (1964), H. 3, S. 53–55, hier S. 54. – *Ders.*: Deckungsbeitragsrechnung, in: Handwörterbuch des Rechnungswesens, hrsg. v. Erich Kosiol, Stuttgart 1970, Sp. 383–400. – *Ders.*: Ertragsbildung und Ertragsverbundenheit im Spiegel der Zurechenbarkeit von Erlösen, in: Beiträge zur betriebswirtschaftlichen Ertragslehre, Festschrift für Erich Schäfer zum 70. Geburtstag, hrsg. v. Paul Riebel, Opladen 1971, S. 147–200.

senen Nettoerlöse auf Teilmengen der von diesem Abnehmer gekauften Quanten hiervon grundsätzlich nicht beeinträchtigt. Die sich aus den Besonderheiten der Preisstellung bzw. der Rabattgewährung ergebende Abhängigkeit der Erlöse von den Vorperioden-Umsätzen, ist für die während der laufenden Periode durchzuführenden (bzw. durchgeführten) Dispositionen nicht mehr von Belang, da die Umsätze der Vorperiode von diesen Entscheidungen nicht mehr beeinflußt werden können, sondern im Hinblick auf diese ein Datum darstellen. Deshalb braucht diese Abhängigkeit auch im Rechnungswesen der laufenden Periode nicht mehr berücksichtigt zu werden.

Andererseits darf jedoch nicht übersehen werden, daß vom Umfang der gegenwärtig getätigten Umsätze ein Einfluß auf die im folgenden Abrechnungszeitraum anfallenden rabattbedingten Erlösschmälerungen ausgeht. Eine solche Wirkung tritt immer dann ein, wenn der mit einem Kunden in der laufenden Periode getätigte Umsatz jenes Maß überschreitet, von dem an der Kunde bei seinen Einkäufen in der nächsten Periode (zusätzliche) Preisvergünstigungen erhält („Rabattschwelle"). Dieser Effekt kann positiv (Mehrerlöse bzw. Mehrerfolge), aber auch negativ (Mindererlöse bzw. Mindererfolge) sein. Welcher dieser beiden Fälle vorliegt, hängt von der zukünftigen Nachfrageelastizität des betreffenden Kunden ab. Streng genommen hat dies zur Folge, daß man nicht mehr ohne weiteres mit linearen Beziehungen zwischen Erlösen – in diesem erweiterten, die Folgeperioden einschließenden Sinne – und Absatzmenge rechnen kann. Die kundenindividuelle Erlösfunktion weist bei Berücksichtigung dieses Effekts je nach Zahl der „Rabattschwellen" einen oder mehrere, in ihrer Höhe allerdings auch am Ende der laufenden Periode noch nicht genau bekannte Sprünge auf, und zwar dort, wo die Liefermenge über jenes „kritische" Quantum hinaus gesteigert wird, von dem an der betreffende Kunde in der nächsten Periode zu günstigeren Preisen einkaufen kann. Da man den Einfluß der eben angedeuteten Wirkungen jedoch niemals auch nur annähernd kennt, und da man auch nicht genau weiß, welche Umsätze man mit einem Kunden in der nächsten Periode voraussichtlich tätigen wird, läßt sich nie eindeutig sagen, welche ökonomischen Konsequenzen aus den eben angesprochenen Fakten resultieren werden. Man wird daher in der Praxis regelmäßig gezwungen sein, die von den Umsätzen der laufenden Periode ausgehenden Einflüsse auf die Höhe der im nächsten Abrechnungszeitraum anfallenden Mengenrabatte zu vernachlässigen.
Es erscheint daher gerechtfertigt, die einem Kunden gewährten Mengenrabatte des hier zunächst betrachteten Typs umsatzwertproportional auf die einzelnen an den betreffenden Abnehmer gelieferten Leistungsarten weiterzuverrechnen. Zu bedenken ist lediglich, daß die sich bei einer solchen Art der Abrechnung für eine Leistungsart insgesamt ergebenden Mengenrabatte in sich heterogen sind, sofern die Käufer dieser Leistungsart unterschiedlich hohe Mengenrabatte erhalten. Dies ist für die später noch näher zu behandelnde Zurechnung von Mengenrabatten auf einzelne Leistungseinheiten bedeutsam.

3. Die Weiterverrechnung der Boni (periodenbezogene Gesamtumsatzrabatte)

a) Globale umsatzwertproportionale Aufschlüsselung

Als einfachster Verrechnungsmodus bietet sich an, die am Ende einer Abrechnungsperiode zunächst primär für einzelne Kunden erfaßten Boni für das Unternehmen als Ganzes aufzusummieren und dann diesen Gesamtbetrag umsatzwertproportional auf die einzelnen Leistungsarten aufzuschlüsseln. Vor allem Betriebe, bei denen das Denken in Erlös-, Kosten- und Erlösschmälerungs*arten* gegenüber dem Denken in Leistungssparten dominiert, werden zu diesem Verrechnungsmodus tendieren, wie auch solche Unternehmen, die sich im Rahmen der umsatzsteuerlichen Verbuchung der Boni für die in Abschnitt IV erwähnte „Bruttoverbuchung" entscheiden. Ein solches Vorgehen ist allerdings sehr undifferenziert und global, denn es führt dazu, *daß sämtliche Leistungsarten mit dem gleichen Prozentsatz für bonusbedingte Erlösschmälerungen belastet werden*, und zwar in der Höhe, die sich aus dem Verhältnis zwischen den gesamten Bruttoerlösen und den insgesamt gewährten Umsatzboni ergibt. Für das numerische Beispiel der Tab. 2, das zur Erläuterung der weiteren Ausführungen dient, ist diese Abrechnungstechnik unter (c) in den Zeilen 9–11 ausgewiesen. Dieses Beispiel nimmt auf einen Betrieb Bezug, der in einer bestimmten Abrechnungsperiode sechs Kunden (I–VI) mit fünf verschiedenen Leistungsarten (a–e) beliefert und diesen Abnehmern am Ende des Abrechnungszeitraums einen nach dem Wert ihrer Bezüge gestaffelten Umsatzrabatt (bei *angestoßener* Rabattstaffel) eingeräumt hat. Die Ausgangsdaten lassen sich aus den Zeilen 1–7 der Tab. 2 entnehmen.

Die gewährten Boni werden bei Anwendung des hier zuerst betrachteten Abrechnungsmodus gewissermaßen „sozialisiert". Dies ist zugleich der Ansatzpunkt für die Kritik. Gegen eine solche globale umsatzwert-proportionale Aufschlüsselung der gewährten Boni, die ohne Zweifel den rechentechnischen Vorteil einer leichten Handhabung aufweist, muß vor allem eingewandt werden, daß hierbei völlig unberücksichtigt bleibt, ob die einzelne Leistungsart überwiegend an Großabnehmer (die in den Genuß relativ hoher Umsatzrabatte kommen) oder in erster Linie an kleinere Kunden (die nur verhältnismäßig niedrige Boni erhalten) geliefert wird. Schon deswegen ist man bei Anwendung dieses Verrechnungsmodus nicht imstande, die für das Treffen und Kontrollieren unternehmerischer Entscheidungen benötigten Erlösinformationen zu liefern.. Es werden unzutreffende, für einen Teil der Leistungsarten zu hohe, für die übrigen zu niedrige Nettoerlöse und Deckungsbeiträge ausgewiesen. Die Aussagefähigkeit der Erfolgsrechnung wird von der Erlösseite her beeinträchtigt.

b) Nach einzelnen Kunden bzw. Kundengruppen differenzierende umsatzwertproportionale Aufschlüsselung

Es scheint so, als lasse sich der eben vorgetragene Einwand durch eine Differenzierung nach einzelnen Kunden bzw. Kundengruppen entkräften, also dadurch, daß

Tab. 2: Verschiedene Wege der Verrechnung periodenbezogener Umsatzrabatte (Boni) auf Leistungsarten bei „angestoßener“ Bonus-Staffel
Beträge: DM in der Abrechnungsperiode

		1	2	3	4	5	6	7	8	9	10	11	12
		Leistungsarten					Σ	Bonus-Staffel				Σ	⌀ Bonus in
		a	b	c	d	e		1 % ab 50.000	3 % ab 75.000	5 % ab 100.000	7 % ab 150.000		
1	erzielte Bruttoerlöse: Kunde I		12,000	62,000	74,000	15,000	163,000	250	750	2,500	910	4,410	2,71 %
2	Kunde II	135,000					135,000	250	750	1,750		2,750	2,04 %
3	Kunde III		3,000	65,000	27,000	25,000	120,000	250	750	1,000		2,000	1,67 %
4	Kunde IV			70,000	40,000		110,000	250	750	500		1,500	1,36 %
5	Kunde V		1,000	10,000	29,000	25,000	65,000	150				150	0,23 %
6	Kunde VI	60,000					60,000	100				100	0,17 %
7	Σ	195,000	16,000	207,000	170,000	65,000	653,000	1,250	3,000	5,750	910	10,910	1,67 %

(Spalten 7–12: gewährte Boni)

(a) Weiterverrechnung auf ein separates Konto (Vergleich mit den "empfangenen" Boni)

(a) Von den Leistungsarten losgelöste Weiterverrechnung

		a	b	c	d	e	Σ
7	Nettoerlös = Bruttoerlös	195.000	16.000	207.000	170.000	65.000	653.000

(b) Weiterverrechnung im Rahmen der Vertriebskosten

			Σ
8	auf die Leistungsarten verrechnete Boni	von der Wahl des Schlüssels abhängig	10.910 ← (b)

(c) Globale umsatzwertproportionale Aufschlüsselung

		a	b	c	d	e	Σ
9	auf die Leistungsarten verrechnete Boni	3.258	267	3.459	2.840	1.086	10.910 ← (c)
10	Boni in % des Bruttoerlöses	1,67 %	1,67 %	1,67 %	1,67 %	1,67 %	1,67 %
11	ausgewiesener Nettoerlös	191,742	15,733	203,541	167,160	63,914	642,090

(d) Nach einzelnen Kunden differenzierende umsatzwertproportionale Aufschlüsselung

			a	b	c	d	e	Σ
12	auf die Leistungsarten verrechnete Boni	Kunde I (2,71 %)		325	1,677	2,002	406	4.410 ← (d)
13		Kunde II (2,04 %)	2,750					2,750 ←
14		Kunde III (1,67 %)		50	1,083	450	417	2,000 ←
15		Kunde IV (1,36 %)			955	545		1.500 ←
16		Kunde V (0,23 %)		2	23	67	58	150 ←
17		Kunde VI (0,17 %)	100					100 ←
18		Σ	2,850	377	3,738	3,064	881	10,910
19	Boni in % des Bruttoerlöses		1,46 %	2,36 %	1,81 %	1,80 %	1,36 %	⌀ 1,67 %
20	(Rang)		(4)	(1)	(2)	(3)	(5)	
21	ausgewiesener Nettoerlös		192,150	15,623	203,262	166,936	64,119	642,090

(e) Verrechnung aufgrund isolierender Grenzbetrachtungen für einzelne Leistungsarten

				a	b	c	d	e
22	ohne die betreffende Leistungsart unter sonst gleichen Umständen (c. p.) nicht anfallende Boni	Kunde I	zu 7 %		840	910	910	910
23			zu 5 %			2.450	2.500	100
24			zu 3 %				330	
25		Kunde II		2,750				
26		Kunde III	zu 5 %		150	1.000	1.000	1.000
27			zu 3 %			750	210	150
28			zu 1 %			200		
29		Kunde IV	zu 5 %			500	500	
30			zu 3 %			750	750	
31			zu 1 %			250	50	
32		Kunde V	zu 1 %		10	100	150	150
33		Kunde VI		100				
34		Σ		2,850	1,000	6,910	6,400	2,310
35	Boni in % des Bruttoerlöses			1,46 %	6,25 %	3,34 %	3,76 %	3,55 %
36	(Rang)			(5)	(1)	(4)	(2)	(3)
37	ohne die betreffende Leistungsart c. p. nicht entstehender Nettoerlös			192.150	15.000	200.090	163.600	62.490

man die für die einzelnen Abnehmer direkt erfaßbaren (nicht nur absolut, sondern auch relativ gesehen verschieden hohen) Boni „kundenweise“ nach dem Umsatzwert auf die von dem betreffenden Abnehmer bezogenen Leistungsarten aufteilt – wie das in Tab. 2 unter (d) in den Zeilen 12–21 geschehen ist. Im Falle einer „durchgerechneten“ Bonus- bzw. Rabattstaffel erfordert ein solches Vorgehen sogar nur eine Differenzierung nach Kundengruppen: Die Boni aller Abnehmer, deren Gesamtumsatz in den gleichen Staffelbereich fällt, die also den gleichen Bonus-Satz erhalten, können aggregiert werden.

Wer glaubt, daß dieses offensichtlich „verfeinerte" Prinzip der Verrechnung periodenbezogener Umsatzrabatte zu einem wirklichkeitsnahen Nettoerlös-Ausweis führt und somit den Zwecken der betrieblichen Erlös- und Ergebnisrechnung gerecht wird, ist jedoch im Irrtum. Dieser Verrechnungsmodus trägt zwar einerseits der Tatsache Rechnung, daß das prozentuale Ausmaß der effektiven Bonus-Gewährung von Kunde zu Kunde (bzw. von Kundengruppe zu Kundengruppe) sehr verschieden sein kann. Andererseits fingiert er aber unzutreffende funktionale Beziehungen zwischen der Höhe dieser Erlösschmälerungen und dem Absatzvolumen: In bezug auf den einzelnen Abnehmer wird – zumindest implizit – eine völlig umsatzwertproportionale Zunahme bzw. Abnahme der Boni mit dem Umsatz unterstellt. In Wirklichkeit nimmt aber die relative Höhe der Boni jeweils an den „Rabattschwellen" zu, und bei „durchgerechneten" Staffeln kommt es darüber hinaus an den „Rabattschwellen" zu einem sprunghaften Anstieg bzw. Abfall der absoluten Höhe der periodenbezogenen Umsatzrabatte – wie dies in den Abbildungen 1 und 2 veranschaulicht ist. Schon eine nochmalige Betrachtung dieser Darstellungen zeigt, daß man auch bei einer nach Kunden bzw. Kundengruppen differenzierenden umsatzwertproportionalen Aufschlüsselung der Boni vom tatsächlichen Aufbau der Bonus-Staffel abweicht.

c) Verzicht auf eine Aufschlüsselung der Boni

Die eben nochmals angesprochenen Besonderheiten des Aufbaus der Bonus- bzw. Rabattstaffeln haben – wie schon angedeutet – zur Folge, daß die Höhe des Bonus, den ein Kunde für seine Bezüge erhält, nicht von einer einzelnen Leistungsart allein, sondern *von der Gesamtheit aller während der Periode gelieferten Leistungsarten* bestimmt wird. Es besteht eine gewisse absatzwirtschaftliche Verbundenheit der an einen „Mehrprodukt-Kunden" abgesetzten Leistungsarten.

Die hieraus resultierenden Zurechnungsschwierigkeiten sind mit jenen vergleichbar, die sich beim Anfall *„empfangener"* Mengenrabatte anläßlich der Beschaffung von Kostengütern ergeben. Hierauf ist die Literatur bereits ausführlicher eingegangen. *Menrad* vertritt die Meinung, daß es dort, wo solche Mengenrabatte erzielt werden, nicht mehr möglich ist, eindeutige Werte für den Verbrauch einzelner Kostengüter festzulegen. „Der Wert der verbrauchten Gütermenge muß ... hier ... innerhalb gewisser Grenzen autonom festgesetzt werden. Anhaltspunkte dafür, welcher der theoretisch möglichen Wertansätze in einem konkreten Fall ‚richtig' ist, ergeben sich allenfalls aus dem jeweiligen Rechnungszweck"[3].

Ähnlich kritisch äußert sich *Hummel*. Nach seiner Auffassung bewirkt eine Proportionalisierung der Mengenrabatte, also eine Verrechnung, wie wir sie in den vorausgehenden Abschnitten für gewährte Boni geschildert haben, bei empfangenen Boni zwar, „daß alle mit Rabatt gekauften Gütermengeneinheiten *gleichmäßig* an dem Preisnachlaß teilhaben, aber die Gleichmäßigkeit der Verteilung allein ist weder Indiz noch gar Beweis für die Objektivität des Verteilungsergebnisses. Daß jede

3 *Menrad, Siegfried*: Der Kostenbegriff – Eine Untersuchung über den Gegenstand der Kostenrechnung, Berlin 1965, S. 75.

Mengeneinheit ihren ‚gerechten' oder ‚fairen' Anteil vom Gesamtrabatt erhalten müsse, ist ein subjektives Werturteil, aber keine logisch zwingende Notwendigkeit"[4]. Recht deutlich geht seine Auffassung aus folgendem Beispiel hervor:

Lieferung am 1.12.	500 Stück zu 10,– DM	= 5.000,– DM
Lieferung am 15.12.	400 Stück zu 12,– DM	= 4.800,– DM
gemeinsame Auszahlung am 20.12.		= 9.800,– DM
empfangener Jahresbonus (für Jahreslieferwerte über 6.000,– DM) 1,5 %		147,– DM
Nettojahresauszahlung		9.653,– DM

„Die Nettojahresauszahlung von 9.653,– DM . . . kann auch ex post nicht intersubjektiv nachprüfbar, sondern nur willkürlich (ohne logisch zwingende Begründung) in zwei den Lieferungen zugehörige Teilbeträge gespalten werden. Selbst wenn die beiden Lieferungen getrennt bezahlt und der Jahresbonus in Form einer gesonderten Gutschrift gewährt worden wäre, könnte man die für die jeweiligen Lieferungen entrichteten Geldmengen (5.000,– DM und 4.800,– DM) unter ökonomisch-dispositiven Gesichtspunkten nicht den einzelnen Lieferungen zuordnen"[5]. Es liegt nahe, hieraus die Forderung abzuleiten, daß die über die Bonusgewährung miteinander verbundenen Leistungsarten im Rechnungswesen grundsätzlich nicht einzeln für sich, sondern nur zusammengefaßt als „Leistungsbündel" betrachtet und abgerechnet werden dürfen[6]. So hält es *Hummel* beispielsweise auch für sinnvoll, immer dann, wenn für mehrere Beschaffungsquanten ein gemeinsamer, nach der Menge gestaffelter Jahresbonus angefallen ist, zu versuchen, „durch eine umfassendere Definition des Beschaffungsquantums bzw. durch eine Integration von Teil-Beschaffungsquanten zu solchen übergeordneten Beschaffungsgesamtheiten zu kommen, für die eine Einzelausgabe feststellbar ist: Gewährt beispielsweise ein Lieferant von einem bestimmten Jahresbeschaffungswert an einen gestaffelten Jahresbonus, so gibt es zwar keine Einzelausgabe für eine Teillieferung, doch das gesamte Jahresbeschaffungsquantum (Summe der Teillieferungen) kann in Form einer Einzelausgabe geldlich repräsentiert werden"[7]. Allerdings schlägt er darüber hinaus „als Notlösung" vor: „Rein rechentechnisch könnte man sich damit behelfen, die Auszah-

4 *Hummel, Siegfried*: Wirklichkeitsnahe Kostenerfassung – Neue Erkenntnisse für eine eindeutige Kostenermittlung, Berlin 1970, S. 205.

5 *Hummel, S.*: Wirklichkeitsnahe Kostenerfassung, S. 181.

6 Ähnliche Überlegungen brachten *Kornelius Schott* (Deckungsbeitragsrechnung in der Spedition – Eine Fallstudie zur Weiterentwicklung der Kosten-, Erlös- und Ergebnisrechnung in der Spedition unter besonderer Berücksichtigung des Sammelgutverkehrs mit Lastkraftwagen, Hamburg 1971, S. 94–96) zu der Auffassung, daß die Frachten im Sammelladungsverkehr der Spediteure nur der Sammelladung als Ganzes, nicht aber den einzelnen darin enthaltenen Sendungen zurechenbar sind. Er begründet dies mit dem Hinweis auf die ausgeprägte Staffelung der Sammelladungs-Frachtsätze, die nach dem Prinzip der Durchrechnung erfolgt. Formal liegt hier nahezu dasselbe Problem vor wie bei der Zurechnung von Mengenrabatten auf einzelne Leistungsarten.

7 *Hummel, S.*: Wirklichkeitsnahe Kostenerfassung, S. 203.

lungen zunächst getrennt für jede Lieferung auszuweisen und nachträglich den Jahresbonus als für ... (alle, W.M.) Lieferungen gemeinsame Gutschrift zu verrechnen"[8].
In analoger Weise wird für die Erlösseite vorgeschlagen, daß man die einzelnen Leistungsarten im Rahmen der innerbetrieblichen Erlös- und Ergebnisrechnung generell nur mit den ihnen direkt zurechenbaren Bruttoerlösen bewerten und die aus der Rabattgewährung resultierenden „gemeinsamen" Erlösschmälerungen jeweils der Gesamtheit der betreffenden Leistungsarten „en bloc" zurechnen soll. In diesem Sinne führt beispielsweise *Riebel* aus: „Der Gesamtumsatzrabatt entsteht für alle in der maßgeblichen Periode erteilten Bestellungen eines Kunden und für alle dabei bezogenen Güter gemeinsam, so daß die Nettoerlöse jeder dieser Güterarten und Mengeneinheiten von den durch denselben Kunden in der maßgeblichen Periode bezogenen Mengen anderer Güterarten sowie den dafür vereinbarten Preisen abhängen. Die Folgerung, deshalb überhaupt darauf zu verzichten, für die an einen Kunden gelieferten Leistungen individuelle Entgelte auszuweisen, läßt sich umgehen, wenn man den Gesamtumsatzrabatt als *gemeinsame Erlösminderung* auffaßt und bei den einzelnen Güterarten bzw. Kundenaufträgen die jeweils vorläufig in Rechnung gestellten Entgelte, die auch beim Einzelbezug berechnet würden, ausweist. Der Gesamtumsatzrabatt ist dann als gemeinsame Lastschrift für alle in der maßgeblichen Periode durch denselben Kunden bezogenen Güter bzw. Aufträge auszuweisen. Dies geschieht am besten beim Kunden (als ‚Erlösbringer') im Rahmen einer nach Kunden (zusätzlich) differenzierten Erlösrechnung"[9].
Eine Abrechnung nach diesen Prinzipien ist meines Erachtens – und so sind die Vorschläge der zitierten Autoren wohl auch zu verstehen – allenfalls für eine von den eigentlichen Rechnungszwecken noch weitgehend losgelöste, als Bereitschaftsrechnung aufgebaute Grundrechnung angebracht, nicht aber für eine nach Leistungsarten differenzierende, zukunfts- oder vergangenheitsbezogene Erlös- und Erfolgsrechnung, die als Auswertungs- oder Sonderrechnung unmittelbar für die Vorbereitung und Überwachung von Entscheidungen geeignet sein soll. Die Aufstellung solcher Rechnungen ist aber erforderlich, weil man im Rahmen der kurz- und langfristigen Produktions- und Absatzpläne laufend über einzelne Erzeugnisarten disponieren muß[10], und im Rahmen der rechnerischen Fundierung und Kontrolle solcher Entscheidungen stellt sich – wie an anderer Stelle schon angemerkt – sehr wohl die Frage, welche Nettoerlöse auf das Angebot und die Lieferung bestimmter Leistungsarten zurückzuführen sind. Würde man den eben erläuterten Verrechnungsmodus auch auf solche zweckbezogene Rechnungen anwenden, so liefe dies letztlich auf die Unterstellung hinaus, daß von leistungsartenbezogenen Dispositionen überhaupt kein Einfluß auf die Höhe der bonusbedingten Erlösschmälerungen ausgeht, eben weil der einzelnen im Verbund abgesetzten Leistungsart überhaupt keine Mengenrabatte zugerechnet werden. Andererseits läßt sich aber doch nicht leugnen, daß

8 *Hummel, S.*: Wirklichkeitsnahe Kostenerfassung, S. 181.
9 *Riebel, P.*: Ertragsbildung und Ertragsverbundenheit im Spiegel der Zurechenbarkeit von Erlösen, S. 186.
10 Der Auffassung *S. Hummels* (Wirklichkeitsnahe Kostenerfassung, S. 181), ein Jahresbonus bewirke, daß über die einzelnen während eines Jahres abgewickelten Lieferungen „nur noch gemeinsam disponiert werden kann", kann hier nicht gefolgt werden.

die Entscheidung, eine bestimmte Produktsorte zu verkaufen, in den hier betrachteten Situationen auf jeden Fall zusätzliche Mengenrabatte auslöst – auch wenn deren Höhe zunächst noch nicht eindeutig bestimmbar sein mag. Denn diese Erlösschmälerungen sind *leistungsabhängige, variable Erfolgselemente*. Daher ist die Verbundenheit von Leistungen über gewährte Mengenrabatte unter Zurechenbarkeitsaspekten anders zu beurteilen als andere Formen der Leistungsverbundenheit, vor allem völlig anders, als die Verbundenheit von Leistungen über *leistungsunabhängige, fixe* Kosten. Diese Form der Leistungsverbundenheit stand und steht auch heute noch im Vordergrund der Diskussion über die Anwendbarkeit moderner Teilkostenrechnungssysteme, und diese Diskussion erbrachte die richtige Erkenntnis, daß Fixkosten den einzelnen Leistungen nicht zugerechnet werden können. Man ist versucht, diese Erkenntnis analog auf die Verbundenheit von Leistungen über gemeinsame Erlösschmälerungen zu übertragen. Doch ist dies nicht gerechtfertigt, eben weil Fixkosten von einer Variation der Menge der über sie miteinander verbundenen Leistungen zumindest auf kurze Sicht überhaupt nicht berührt werden, also völlig konstant bleiben, während die Höhe der gewährten Mengenrabatte bei einer solchen Variation des Leistungsvolumens sehr wohl eine Änderung erfährt.
Im Rahmen von Untersuchungen über die Zurechnungsmöglichkeiten verschiedener Erfolgselemente hat man bisher stets *Zurechenbarkeit* und *Aufteilbarkeit* gleichgesetzt. Der Grund hierfür ist wohl darin zu sehen, daß man sich im praktischen Rechnungswesen stets darum bemühte, sämtliche Kosten und Erlöse soweit wie möglich auf einzelne Kalkulationsobjekte „aufzuteilen“, derart, daß sich die im Zuge solcher Rechenoperationen für einzelne nebeneinander stehende Kalkulationsobjekte ergebenden Kosten- (bzw. Erlös-) teile grundsätzlich wieder zu den Gesamt-Kosten bzw. Gesamt-Erlösen addieren lassen müßten. Es konnte gezeigt werden, und hierin ist der zitierten Literatur uneingeschränkt zuzustimmen, daß gewährte Mengenrabatte tatsächlich nicht im eben erläuterten Sinn auf einzelne Leistungsarten „aufteilbar“ sind. Doch kann eine solche Aufteilung meines Erachtens ohnehin nicht oberstes Ziel des internen Rechnungswesens sein. Dieses Teilgebiet der Unternehmungsrechnung hat sich – wie schon erwähnt – während der letzten Jahre in immer stärkerem Maße zu einer entscheidungsorientierten Rechnung entwickelt, welche in erster Linie jene Kosten- und Erlösinformationen enthalten soll, die zur Fundierung und Kontrolle unternehmerischer Entscheidungen benötigt werden. Das eigentliche Kalkulationsobjekt eines auf solche Zwecke ausgerichteten Rechnungswesens sind die Entscheidungen[11]. Primäre Aufgabe des internen Rechnungswesens ist daher der Ausweis jener Erlös-, Kosten- und Erfolgsveränderungen, welche durch die ex ante zu beurteilenden oder ex post zu kontrollierenden Dispositionen hervorgerufen werden bzw. wurden. Dieser Rechnungszweck bestimmt das Zurechnungsprinzip[12]. Auf die einzelnen durch Entscheidungen festgelegten Handlungen sind sämtliche Erfolgswirkungen zu projizieren, die

11 Siehe hierzu *von Kortzfleisch, Gert*: Kostenquellenrechnung in wachsenden Industrieunternehmen, in: ZfbF, 16. Jg. (1964), S. 318–328, hier S. 318; *Riebel, P.*: Die Bereitschaftskosten, S. 372.

12 Die Zweckabhängigkeit der Zurechnung von positiven und negativen Erfolgsvariablen betont vor allem *Schneider, Dieter*: Die wirtschaftliche Nutzungsdauer von Anlagegütern als Bestimmungsgrund der Abschreibungen, Köln und Opladen 1961, S. 13–16.

sich aus den durch die Realisierung dieser Handlungen ausgelösten Kausalprozessen ergeben bzw. ergeben haben. Die Erfüllung dieses für das entscheidungsorientierte Rechnungswesen relevanten Zurechnungsprinzips erfordert, daß Grenzüberlegungen angestellt werden[13]. Folgt man der Auffassung, daß der Begriff „Grenzerlös" ebenso wie der Begriff „Grenzkosten" nicht nur auf unendlich kleine Änderungen zu beziehen ist[14], so kann man feststellen, daß für das entscheidungsorientierte Rechnungswesen letztlich das Marginalprinzip zum Zurechnungsprinzip wird[15].
In den hier analysierten Situationen ergibt sich aus dem eben Gesagten, daß der jeweils interessierenden Leistungsart *jene zusätzlichen Mengenrabatte zuzurechnen sind, die ohne ihr Angebot und ihre Lieferung in der betreffenden Abrechnungsperiode nicht angefallen wären* – unabhängig davon, ob es bei einer Zurechnung nach diesem Prinzip letztlich zu einer exakten „Aufteilung" der im Abrechnungszeitraum insgesamt angefallenen Mengenrabatte kommt oder nicht.

d) Isolierende Marginalanalysen für einzelne Leistungsarten

aa) Erläuterung der Grundgedanken

Bei der Ermittlung jener Boni, die ohne das Angebot einer bestimmten Leistungsart nicht angefallen wären, muß streng genommen auch darauf geachtet werden, daß von den Entscheidungen über das Angebot einer bestimmten Leistungsart möglicherweise auch indirekte Auswirkungen auf die Nachfrage nach anderen Leistungsarten ausgehen können. Die hieraus resultierenden erlösmäßigen Konsequenzen bleiben jedoch im folgenden – zumindest vorerst – außer acht, da mit diesen Ausführungen in erster Linie die aus den Eigenarten des hier betrachteten speziellen Preissystems resultierenden Besonderheiten der Erlösrechnung angesprochen werden sollen, ganz abgesehen davon, daß sich eine solche Nachfrageverbundenheit praktisch ohnehin kaum quantitativ erfassen läßt. Das läuft letztlich – zumindest bei den hier zunächst betrachteten *„angestoßenen"* Mengenrabatt-Staffeln – auf ein Arbeiten mit der *Ceteris-paribus-Klausel* hinaus. Diese Unterstellung mag zunächst sehr theoretisch anmuten. Doch liegt diese Prämisse in der Praxis nahezu allen Abrechnungssystemen zugrunde. Wenn man die verschiedenen Leistungsarten eines Betriebes – wie dies üblich ist – in der Erlös- und Ergebnisrechnung völlig getrennt nebeneinander stellt und ihnen bestimmte Teile der Erlöse und Kosten zurechnet, unterstellt man regelmäßig, daß vom Angebot und der Lieferung einer Leistungsart keine

13 Vgl. *Schneider, Dieter*: Investition und Finanzierung – Lehrbuch der Investitions-, Finanzierungs- und Ungewißheitstheorie, Köln und Opladen 1970, S. 231.
14 Vgl. *Schneider, D.*: Investitionen und Finanzierung, S. 29.
15 Vgl. *Schneider, D.*: Die wirtschaftliche Nutzungsdauer, S. 16. Ähnlich äußert sich *G. Frischmuth* (Daten als Grundlage für Investitionsentscheidungen, Berlin 1969, S. 107) in Bezug auf die Investitionsrechnung: „Beinahe selbstverständlich, aber gerade im Zusammenhang mit Zurechnungsproblemen von besonderer Bedeutung ist die Feststellung, daß in der dynamischen Investitionsrechnung nur *zusätzlich* anfallende Einnahmen und Ausgaben berücksichtigt werden. Das bedeutet mit anderen Worten, daß . . . eine Differenzbetrachtung gegenüber der Situation der Unternehmung vor Durchführung des Investitionsobjektes anzustellen ist".

unmittelbaren Auswirkungen auf den Absatz anderer Leistungsarten ausgehen. Deshalb wird auch im folgenden vorerst mit dieser Prämisse gearbeitet.
Unternehmungen, die innerhalb ihres entscheidungsorientierten Rechnungswesens ausweisen wollen, welche bonusbedingten Erlösschmälerungen ohne das Angebot und die Lieferung einer bestimmten Leistungsart nicht angefallen wären, müssen sich bei der Erfassung dieser Auswirkungen grundsätzlich am effektiven Verlauf der jeweiligen Bonusstaffel (wie er in den Abbildungen 1 und 2 zum Ausdruck kommt) orientieren. Wie dabei im einzelnen vorzugehen ist, wird innerhalb dieses Abschnitts zunächst für *„angestoßene" Bonus-Staffeln* gezeigt, und zwar primär für die *vergangenheitsbezogene Abrechnung* – ausgehend von der Unterstellung, *daß die jeweils betrachtete Abrechnungsperiode mit der Bezugsperiode der Bonusgewährung identisch ist*. Auf die zusätzlichen Verrechnungsprobleme, mit denen man anläßlich der Aufstellung kurzfristiger („zwischenzeitlicher") Ex-post-Rechnungen konfrontiert wird, gehe ich später näher ein.
Die allgemeinen Ausführungen über den soeben näher umrissenen Untersuchungsgegenstand werden durch das bereits an anderer Stelle kurz angesprochene numerische Beispiel erläutert. Angesichts der Tatsache, daß die verschiedenen Abnehmer dieses Beispielfalles wegen ihrer unterschiedlichen Bezüge auch unterschiedlich hohe Boni erhalten, *muß die Analyse der Zurechnungsmöglichkeiten beim einzelnen Kunden ansetzen*. Zu diesem Zweck sei hier zunächst der *Kunde I* des eben erwähnten Beispiels betrachtet, und zwar unter der Annahme, daß die verschiedenen Leistungsarten *zeitlich nacheinander* an diesen Abnehmer geliefert wurden, in der Reihenfolge b, c, d, e, – und zwar jeweils eine Leistungsart in einem einzelnen Auftrag. Es wird also davon ausgegangen, daß eine Leistungsart jeweils einem Kundenauftrag entspricht.
Unter diesen Bedingungen läßt sich die hier aufgeworfene Frage *zumindest für die während der betreffenden Abrechnungsperiode zuletzt gelieferte Leistungsart (e)* eindeutig beantworten. Denn wie stark die am Periodenende fälligen Umsatzboni durch die Auslieferung dieser zuletzt gelieferten Leistungsart erhöht wurden, kann man ohne Schwierigkeiten ermitteln. Man braucht lediglich die Differenz zwischen dem für die gesamten Bezüge der Abrechnungsperiode (einschließlich des letzten Auftrags) zu gewährenden Umsatzrabatt und dem für die vor dem letzten Auftrag getätigten Lieferungen insgesamt zu vergütenden Bonus zu bestimmen. Nach diesen Grundsätzen müßte man die Leistungsart e mit 1.010,– DM für bonusbedingte Erlösschmälerungen belasten. Das sind 6,73 % des Bruttoerlöses von 15.000,– DM, ein Prozentsatz, der ca. 2,5 mal so hoch ist wie jener, der sich bei der traditionellen umsatzwertproportionalen Aufschlüsselung ergibt (2,71 %). Dies läßt sich aus einem Vergleich der Zeilen 22 und 23 bzw. der Zeile 12 mit der Zeile 1 von Tab. 2 (jeweils Spalte 5) deutlich entnehmen. Als Netto-Erlös verbleiben bei einer solchen Abrechnung für Kunde I 13.990,– DM für Leistungsart e. Wären von dieser Leistungsart nur Umsätze im Gesamtwert von beispielsweise 12.000,– DM mit Kunde I getätigt worden, hätte man sogar 7 % der Bruttoerlöse für Boni verrechnen müssen, da in diesem Fall die Rabattschwelle von 150.000,– DM beim Verzicht auf das Angebot dieser Leistungsart ceteris paribus nicht unterschritten worden wäre.
Es wird nicht übersehen, daß es nahe liegt, gegen das eben Gesagte einzuwenden, der

nach diesem Prinzip erfaßte Nettoerlös sei kein echter Einzelerlös jener zuletzt gelieferten Leistungsart, weil seine Höhe auch vom Umfang der vorausgehenden Absatzleistungen abhängig ist. Diese Argumentation ist jedoch letztlich nicht zugkräftig: Die eben erwähnte Abhängigkeit kann zwar nicht geleugnet werden, doch stellt sie für die Disposition über den letzten Auftrag jener Abrechnungsperiode ein nicht mehr beeinflußbares, durch die zeitlich vorgelagerten Produktions- und Absatzdispositionen eindeutig festgelegtes Datum dar. Nahezu alle betrieblichen Dispositionen basieren in irgendeiner Weise auf Dispositionen der Vergangenheit. Für die Analyse der gegenwärtig zu treffenden bzw. gerade getroffenen Entscheidungen ist diese Abhängigkeit unabänderlich. Wäre der letzte Auftrag nicht abgewickelt worden, so wären tatsächlich Nettoerlöse in der genannten Höhe entgangen.

Tab. 3: Isolierende Grenz- bzw. Differenzbetrachtungen für die an den Kunden I gelieferten Leistungsarten d und e
Beträge: DM in der Periode

an den Kunden I gelieferte Aufträge (Leistungsarten)	Leistungsarten b, c, d, e	nur die Leistungsarten b und c (ohne d und e)
Bruttoerlöse der Aufträge (Leistungsarten)	163.000	74.000
hierfür zu gewährende Boni		
1 %	250	240
3 %	750	
5 %	2.500	
7 %	910	
insgesamt	4.410	240
ohne die Lieferung der Leistungsarten d und e nicht anfallende Boni	4.410 ./. 240 = 4.170 (4,69 %)	

Wendet man die erläuterten marginalanalytischen Überlegungen *auf die beiden zuletzt gelieferten Leistungsarten (d und e) zusammen an*, so müßte man *diesen beiden Leistungsarten gemeinsam* gemäß Tab. 3 4.170,– DM, mithin also 4,69 % des Bruttoerlöses für bonusbedingte Erlösschmälerungen zurechnen. Nur so kann man feststellen, welche zusätzlichen Erlöse und Erfolge die weitere Belieferung des Kunden über die Abwicklung der Aufträge b und c hinaus erbracht hat. Ein solches Vorgehen wäre angebracht, wenn man sich ständig darüber Klarheit verschaffen wollte, ob es nicht sinnvoller gewesen wäre, die Belieferung eines Kunden nach Abwicklung eines bestimmten Auftrages – hier beim Kunden I – z.B. nach Auslieferung der Leistungsart c – generell abzubrechen. Für die Kontrolle solcher Dispositionen muß man die in Zukunft abgewickelten Aufträge jenes Kunden als eine Einheit auffassen und für diesen Gesamtumsatz zum Zwecke der Ermittlung der bonusbedingten Erlösschmälerungen Marginalbetrachtungen der geschilderten Art anstellen. Für die Aufträge bzw. Leistungsarten *c, d und e zusammen* errechnen sich nach diesen Prinzipien – wie man leicht ermitteln kann – Boni in Höhe von 4.410,– DM, was einer Belastung von 2,92 % entspricht.

Am Rande sei vermerkt, daß man nach den gleichen Grundsätzen auch dann vorgehen müßte, wenn zwischen den aufeinanderfolgenden Aufträgen eines Kunden eine *strenge Nachfrageverbundenheit* bestünde – derart, daß der Kunde keine weiteren Aufträge erteilen würde, wenn man eine seiner Bestellungen nicht angenommen hätte. Hat ein Betrieb mit einer solchen absatzwirtschaftlichen Verbundenheit zu rechnen, so darf er bei der Ermittlung jener zusätzlichen Erlöse, die auf die Annahme eines bestimmten Auftrags zurückzuführen sind, nicht vernachlässigen, daß die Ablehnung dieser Bestellung auch den Wegfall der rein rechnerisch für die erst später ausgelieferten Aufträge ausgewiesenen Erlöse (und deren Kosten) zur Folge gehabt hätte. *Raffée*[16] erblickt hierin eine „Parallelerscheinung zu den Gemeinkosten". Meines Erachtens ist dieser Vergleich aber zu grob. Während jene Kostenbeträge, die im Hinblick auf eine Mehrzahl von Kalkulationsobjekten als Gemeinkosten bezeichnet werden, stets durch eine einzige Disposition bedingt sind, ist für die hier betrachteten verbundenen Erlöse typisch, daß sie auf eine *zeitliche Folge aufeinander aufbauender Dispositionen* zurückgehen. In Fällen der hier am Rande kurz angesprochenen Art disponiert man bei der Entscheidung über die Annahme eines Auftrags stets auch über die möglichen weiteren Aufträge, im Grunde also über ein Bündel von Aufträgen – insofern, als man durch die Hereinnahme einer Bestellung den betreffenden Kunden als zumindest potentiellen zukünftigen Abnehmer erhält und damit die Voraussetzungen für das Eingehen weiterer Bestellungen schafft. Deshalb hat es unter diesen Umständen keinen Sinn, die Erlöse auf einzelne Bestellungen bzw. Lieferungen oder Leistungsarten aufteilen zu wollen. Die Zwecke eines entscheidungsorientierten Rechnungswesens erfordern unter solchen Bedingungen den Ausweis des jeweiligen Gesamterlöses bzw. Gesamterfolges der eben erwähnten Auftragsbündel, für die sich auch die bonusbedingten Erlösschmälerungen nach den geschilderten Prinzipien ermitteln lassen.

Da die Entscheidungen über die Hereinnahme der auf den ersten Auftrag einer Abrechnungsperiode folgenden Bestellungen eines Kunden ebenfalls eigenständige Dispositionen sind, lassen sich nach den genannten Grundsätzen auch diesen Folgeaufträgen bestimmte Gesamterlöse bzw. Gesamterfolge zurechnen. Daß diese Dispositionen jeweils auf den Entscheidungen über die Annahme der vorausgehenden Aufträge aufbauen und ohne diese überhaupt nicht möglich wären, spielt dabei wiederum aus den genannten Gründen überhaupt keine Rolle. Zu beachten sind lediglich die Auswirkungen auf die zukünftigen Erlöse (und Kosten). *Die Erlösverbundenheit geht also nur in eine Richtung.* In diesem Sinne sind beispielsweise für die Beurteilung des zweiten Auftrags einer Abrechnungsperiode die für den vorausgehenden ersten Auftrag erzielten Erlöse völlig uninteressant. Auf diesen zweiten Auftrag sind lediglich die Erlöse (und Kosten) der künftigen Aufträge zu projizieren, und für diese Gesamtheit von Aufträgen (für dieses Auftragsbündel) sind die hinzukommenden (marginalen) bonusbedingten Erlösschmälerungen zu bestimmen und diesen zuzurechnen.

16 Vgl. *Raffée, Hans*: Kurzfristige Preisuntergrenzen als betriebswirtschaftliches Problem – prinzipielle Bestimmungsmöglichkeiten von kosten-, ertrags- und finanzwirtschaftlichen Preisuntergrenzen, Köln und Opladen 1961, S. 139.

Im weitern soll das soeben am Rande kurz angesprochene Phänomen des aus der Nachfrageverbundenheit resultierenden Auftragsverbundes – wie an anderer Stelle schon angemerkt – ausgeklammert werden. Es wird also unterstellt, daß der Kunde die Erteilung künftiger Aufträge nicht von der Erledigung vorausgehender Bestellungen abhängig macht, bzw. es wird davon ausgegangen, daß die von der Abwicklung eines Auftrags ausgehenden Auswirkungen auf die künftige Auftragslage quantitativ nicht erfaßt werden können, wie dies in der Praxis ja auch die Regel ist.

Abb. 3: Isolierende Grenz- bzw. Differenzbetrachtungen für die an den Kunden I gelieferten Leistungsarten
Beträge: DM in der Periode

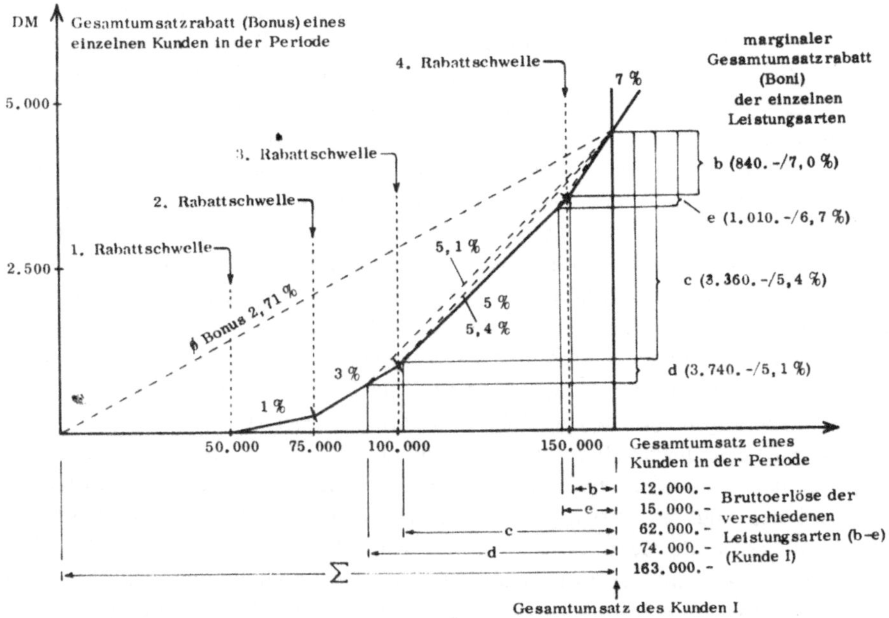

Unter diesen Bedingungen mag es in dem eingangs betrachteten Beispielfall des Kunden I naheliegen, die Differenz zwischen den für die Leistungsarten d und e zusammen ermittelten Erlösschmälerungen (4.170,– DM) und den auf dem gleichen marginalanalytischen Weg für die zuletzt gelieferte Leistungsart e allein ermittelten Wert (1.010,– DM) zu bilden (3.160,– DM) und diesen Betrag dann als Bonus der Leistungsart d anzusehen, dieser Leistungsart also 3.160,– DM zuzurechnen. Dies liefe auf eine Verrechnung der Boni in der Reihenfolge ihres zeitlichen Anfalls hinaus. Doch führt ein solches Vorgehen – wie später noch eingehend gezeigt werden wird – zu keinen aussagefähigen Ergebnissen. Zu solchen kommt man meines Erachtens konsequenterweise nur dann, wenn *sämtlichen* Aufträgen bzw. Leistungsarten, die an einen Kunden geliefert wurden, jeweils einzeln *jene Mengenrabatte zugerechnet werden, die sich aufgrund von Marginalbetrachtungen der erläu-*

terten Art ergeben. D.h. jede Leistungsart ist einmal für sich so zu betrachten, als sei sie zuletzt an den Kunde geliefert worden, als sei sie die marginale Leistungsart. Es erscheint folgerichtig, *jeder einzelnen für sich allein betrachteten Leistungsart prinzipiell jene Boni zuzurechnen, die ohne sie unter sonst gleichen Umständen (ceteris paribus) nicht angefallen wären*[17]. Praktisch bedeutet dies, daß man stets überlegen muß, *wie sich die Höhe der für die Gesamtlieferungen des jeweiligen Abrechnungszeitraums insgesamt zu gewährenden Boni bei Wegfall (ohne die Lieferung) der betreffenden Leistungsart verändert hätte.* In Abb. 3 (auf Seite 52) wird dies für die an den Kunden I gelieferten Leistungsarten veranschaulicht.
Es ergeben sich folgende Resultate:

an Kunde I gelieferte Leistungsarten	der Leistungsart im Rahmen isolierender Grenzbetrachtungen zuzurechnende marginale Boni	
b (12.000,– DM)	840,– DM	(7,0 %)
c (62.000,– DM)	3.360,– DM	(5,4 %)
d (74.000,– DM)	3.740,– DM	(5,1 %)
e (15.000,– DM)	1.010,– DM	(6,7 %)

Wie man aus Abb. 3 ersieht, ist bei der Durchführung solcher *auf die gesamte Abrechnungsperiode abstellenden Grenz- bzw. Differenzbetrachtungen* stets darauf zu achten, daß ein Kunde dann, wenn die Streichung einer Leistungsart nur zu einer verhältnismäßig geringfügigen Reduzierung der Gesamtbezüge geführt hätte, eventuell durchaus in der von ihm in jenem Abrechnungszeitraum erreichten Bonusklasse verblieben wäre.
Diese Bedingung wird in dem hier zur Erläuterung herangezogenen Beispiel der Tab. 2 von der an die Kunden I, III und V in nur geringen Mengen gelieferten Leistungsart b erfüllt. Hätte man sie nicht angeboten, wären unter sonst gleichen Umständen bei Kunde I 7 %, bei Kunde III 5 % und bei Kunde V 1 % des Bruttoerlöses an bonusbedingten Erlösschmälerungen entfallen. Im gewogenen Durchschnitt aller Kunden sind das – wie man aus den Zeilen 22–35, Spalte 2 der Tab. 2 entnehmen kann – 6,25 % – und nicht 2,36 % (oder gar nur 1,67 %), wie das bei einer nach einzelnen Kunden differenzierenden umsatzwertproportionalen Aufschlüsselung (bzw. bei einer globalen Aufschlüsselung) für diese Leistungsart fingiert wird (vgl. Zeile 19 bzw. Zeile 10, jeweils Spalte 2 der Tab. 2 auf Seite 43).
Bei Eliminierung einer Produktsorte, die einen größeren Anteil am Gesamtumsatz ausmacht, ist zwar damit zu rechnen, *daß einzelne Abnehmer in eine niedrigere*

17 *K. Schott* (Deckungsbeitragsrechnung, S. 96) stellt zwar bei dem Versuch, Sammelladungsfrachten auf einzelne Sendungen zuzurechnen, ebenfalls Grenzbetrachtungen für die zuletzt hinzugekommene Sendung an, sieht darin aber nur ein „scheinbar eindeutiges Verfahren", das scheitern müsse, weil man nicht wisse, welcher Auftrag welchen Platz (Rang) innerhalb einer Sammelladung einnimmt. Die Möglichkeit einer „Gleichbehandlung" sämtlicher Sendungen, die Möglichkeit des Durchführens isolierender Marginalbetrachtungen für jeden einzelnen Transportauftrag, wird von ihm nicht erkannt.

Bonus-Klasse geraten, doch vermindern sich die bonusbedingten Erlösschmälerungen auch unter solchen Umständen nicht in Höhe des Durchschnittssatzes, der sich bei Proportionalisierung der Boni ergibt. Welche Boni im Beispielfall der Tab. 2 ohne das Angebot einer einzelnen Leistungsart ceteris paribus nicht angefallen wären, lassen die Zeilen 22–35 erkennen. Nach diesen Grundsätzen hätte man den jeweils isoliert, für sich allein betrachteten Leistungsarten die in Zeile 37 ausgewiesenen Netto-Erlösen zuzurechnen (vgl. Seite 41).
Das hier vorgeschlagene bewertungstheoretische bzw. zurechnungstheoretische Konzept ist mit jenen Situationen vergleichbar, in denen verschiedene Leistungsarten aus einem Kostengut erzeugt werden, für das nebeneinander zwei unterschiedliche, mit verschieden hohen Kosten verbundene Bereitstellungswege (z.B. Eigenfertigung und Fremdbezug) genutzt werden. In diesen Fällen ergibt sich für das Kostengut ebenfalls eine (beim Übergang vom einen auf den anderen Bereitstellungsweg) nach oben geknickte Kostenfunktion, die in ihrem Verlauf der Funktion einer angestoßenen Rabattstaffel ähnelt. Wird nach dem Erfolgsbeitrag einer einzelnen Endproduktsorte gefragt, muß man dieser ebenfalls die marginalen Kosten des teuersten Bereitstellungsweges zurechnen, denn wenn eine Erzeugnisart aus dem Produktionsprogramm eliminiert worden wäre, hätte man – rationelles Verhalten vorausgesetzt – tatsächlich zunächst die Nutzung der teuersten Versorgungsart eingeschränkt[18].

bb) Interpretation der Ergebnisse

Bei einem Vorgehen nach den vorstehend beschriebenen Grundsätzen ist die Belastung einer Leistungsart mit bonusbedingten Erlösschmälerungen zwar *auch vom Umfang der sonstigen Bezüge des betreffenden Kunden abhängig*, doch wird die Gültigkeit der auf diesem Weg gewonnenen Ergebnisse dadurch nicht aufgehoben, sondern lediglich auf die grundlegende Prämisse, das Rechnen mit der Ceteris-paribus-Klausel, eingeschränkt. Auch die Tatsache, daß wegen des der Tendenz nach überproportionalen Verlaufs der funktionalen Beziehungen zwischen Gesamt-Bonus und Gesamt-Umsatz eines Kunden bei einem solchen Vorgehen *mehr bonusbedingte Erlösschmälerungen verrechnet, also jeweils niedrigere Nettoerlöse ausgewiesen werden als insgesamt tatsächlich angefallen sind*, macht diesen Verrechnungsmodus nicht unbrauchbar. Doch verleiht sie den auf diesem Weg gewonnenen Ergebnissen einige besondere, von den Resultaten traditioneller Abrechnungstechniken abweichende Eigenschaften. Dazu gehört vor allem die Tatsache, daß die aufgrund derartiger isolierender Grenz- bzw. Differenzbetrachtungen für einzelne jeweils isoliert, für sich allein betrachtete Leistungsarten ermittelten Erlösschmälerungen und Nettoerlöse grundsätzlich *nicht addierbar* sind. *Sie haben lediglich für die isolierte Betrachtung einer einzelnen Programmkomponente Gültigkeit.*

18 Vgl. dazu auch *Männel, Wolfgang*: Kostenrechnerische Bewertungsprobleme beim Nebeneinander von Eigenfertigung und Fremdbezug, in: Zeitschrift für das gesamte Rechnungswesen, 14. Jg. (1968), H. 12, S. 269–274.

Falls bei Anwendung dieses Verrechnungsmodus für mehrere Leistungsarten ein negativer, bzw. ein – gemessen an den alternativen Verwendungsmöglichkeiten der betrieblichen Engpässe – zu niedriger Deckungsbeitrag ausgewiesen würde, darf daher keineswegs unmittelbar gefolgert werden, daß es am wirtschaftlichsten gewesen wäre, alle diese Leistungsarten aus dem Programm zu streichen. Will man wissen, welcher Nettoerlös unter sonst gleichen Umständen von zwei oder mehreren Leistungsarten *„aufzuteilen"*. Für die verschiedenen Produktsorten lassen sich nicht *eine Einheit betrachten und dann für diesen Gesamtumsatz eine Marginalbetrachtung nach den beschriebenen Grundsätzen anstellen*. Es sind also kombinatorische Überlegungen erforderlich.

Dies zeigt, daß es in den hier behandelten Fällen *prinzipiell unmöglich ist, den im Laufe einer Periode insgesamt entstandenen Nettoerlös als Summe der Nettoerlöse einzelner Leistungsarten darzustellen*. Nicht einmal der Gesamterlös eines einzelnen Kunden läßt sich in addierbare Teilbeträge aufspalten („aufteilen"). Damit ist das traditionelle Konzept der Erfolgsrechnung und Erfolgsanalyse, dem die Vorstellung zugrunde liegt, daß sich die den einzelnen Kalkulationsobjekten zugerechneten Erlöse (bzw. Kosten oder Erfolge) jeweils zum gesamten Erlös (bzw. zu den Gesamtkosten oder zum Gesamterfolg) aufsummieren lassen, zum Scheitern verurteilt. Es gelingt nicht, den Gesamterfolg einer solchen Unternehmung auf die verschiedenen Leistungsarten *„aufzuteilen"*. Für die verschiedenen Produktsorten lassen sich nicht einmal addierbare Deckungsbeiträge bestimmen. Diese Fakten machen ein grundsätzliches Umdenken bei der Durchführung von Erfolgsanalysen erforderlich.

So ist es aus den genannten Gründen beispielsweise unmöglich, bei der Aufstellung von Deckungsbeitragsflußrechnungen, die von den Deckungsbeiträgen einzelner Leistungsarten ausgehen und durch schrittweise Aggregation bis zum Deckungsbeitrag des Gesamtunternehmens hinführen, einfach die Deckungsbeiträge einzelner Erzeugnisarten zum Deckungsbeitrag der Erzeugnisgruppe aufzusummieren. Dieser Erzeugnisgruppenbeitrag ist prinzipiell höher als die Summe der auf marginalanalytischer Basis ermittelten Deckungsbeiträge der einzelnen isoliert betrachteten Erzeugnisarten, denn wenn man eine gesamte Erzeugnisgruppe nicht erzeugt und nicht angeboten hätte, wären einige Kunden aller Voraussicht nach in eine niedrigere Bonus-Klasse abgesunken, so daß sich die Boni nicht in Höhe des marginalen Bonus-Satzes, sondern im Durchschnitt nur um einen geringeren Prozentsatz ermäßigt hätten.

Angesichts des gegenwärtigen Standes der Diskussion über die Ausgestaltung des innerbetrieblichen Rechnungswesens erscheint es notwendig, darauf hinzuweisen, daß die eben hervorgehobenen besonderen Erfordernisse nicht allein beim Anfall von Mengenrabatten bestehen. Die Addierbarkeit der auf marginalanalytischer Basis für einzelne Leistungsarten ermittelten Erfolge wird beispielsweise häufig auch von der Kostenseite her eingeschränkt, z.B. – wie schon angedeutet – dann, wenn für ein in mehrere Verwendungsrichtungen gehendes Kostengut wegen des Nebeneinanders mehrerer Bereitstellungswege eine an einer oder mehreren Stellen geknickte Kostenfunktion mit progressiver Grundtendenz vorliegt. Ähnliche Schwierigkeiten ergeben sich u.U. für die Linienerfolgsrechnung von Eisenbahnen: Die Kosten der Kreuzungsanlagen zweier sich kreuzender Schienenwege sind im Rahmen einer solchen Linienerfolgsrechnung nicht als Gemeinkosten dieser beiden Strecken zu behandeln, sondern jeder von ihnen in voller Höhe als Einzelkosten zuzurechnen, denn diese Beträge würden jeweils vollständig wegfallen, wenn eine der Linien entfiele. Folglich sind auch die so errechneten isolierten Teilerfolge der beiden Linien nicht addierbar.

cc) Vergleich mit den Ergebnissen einer umsatzwertproportionalen Aufschlüsselung

Im Vergleich mit einer nach einzelnen Kunden differenzierenden umsatzwertproportionalen Aufschlüsselung der Boni werden die einzelnen Leistungsarten eines Mehrproduktbetriebes bei Anwendung des eben erläuterten Verrechnungsmodus immer dann, wenn einzelne Kunden innerhalb einer Periode verschiedene Leistungsarten beziehen und hierfür Umsatzboni erhalten, prinzipiell ***stärker mit bonusbedingten Erlösschmälerungen belastet*** (vgl. hierzu auf S. 43 in Tab. 2, Zeile 35 mit Zeile 19). Diese Mehrbelastung fällt um so mehr ins Gewicht, je stärker die Umsatzrabatte gestaffelt sind und je größer der „kritische" Umsatz ist, bis zu dessen Erreichen ein Abnehmer überhaupt keinen Bonus erhält. Sie ist allerdings in der Regel nicht bei allen Produktsorten gleich, sondern wird – wie schon angesprochen – auch vom ***Anteil der jeweiligen Leistungsart am Gesamtumsatz der betreffenden Kunden*** mitbestimmt: Je kleiner dieser Anteil ist, desto stärker weicht die relative Höhe der ceteris paribus wegfallenden Erlösschmälerungen vom Durchschnittssatz einer umsatzwertproportionalen Aufschlüsselung nach oben ab. Im Extremfall entspricht sie dem Rabattsatz der von dem betreffenden Kunden gerade noch erreichten Bonus-Klasse (im numerischen Beispiel der Tab. 2 trifft dies – wie bereits erwähnt – auf die Leistungsart b zu). Am deutlichsten sind die soeben erläuterten Unterschiede bei solchen Leistungsarten ausgeprägt, die in relativ ***kleinen Mengen*** an verhältnismäßig ***große Kunden*** geliefert werden. Die hier vorgetragenen Überlegungen sind also besonders für jene Betriebe bedeutsam, die zahlreiche verschiedene Produktsorten an die gleichen Kunden verkaufen.
Wie sehr die Ergebnisse des in diesem Abschnitt analysierten Verrechnungsmodus von den Resultaten einer nach Kunden differenzierenden umsatzwertproportionalen Aufschlüsselung der periodenbezogenen Umsatzrabatte abweichen, hängt schließlich auch davon ab, ***ob der Gesamtumsatz der betreffenden Kunden die jeweils von diesen Abnehmern gerade noch überschrittene „Rabattschwelle" nur sehr geringfügig oder sehr stark übersteigt***: Im letzteren Fall wird es seltener vorkommen, daß die Streichung einer Leistungsart unter sonst unveränderten Bedingungen zu einem Absinken in eine niedrigere Rabatt-Klasse (Bonus-Klasse) führt.
Das Wirken dieses und des zuvor genannten Bestimmungsfaktors wird bei einer globalen oder nach einzelnen Kunden differenzierenden umsatzwertproportionalen Aufschlüsselung der Boni vollständig vernachlässigt. Dies kann nicht nur zu einer rangmäßig falschen Belastung der einzelnen Leistungsarten mit bonusbedingten Erlösschmälerungen führen (vgl. in Tab. 2 Zeile 20 mit Zeile 36), sondern letztlich auch sehr nachteilige Konsequenzen für die nach Leistungsarten differenzierende Erfolgsanalyse haben: Besonders bei Produktsorten, deren Deckungsbeitrag in

Prozent des Erlöses nicht sehr hoch ist, werden im Falle einer umsatzwertproportionalen Aufschlüsselung der Boni unter Umständen falsche Vorstellungen über die erfolgsmäßige Rangfolge der Produktionssorten erweckt. Das läßt die Fortführung des in Tab. 2 angegebenen numerischen Beispiels zur Deckungsbeitragsrechnung in Tab. 4 erkennen. Für Extremfälle ist sogar denkbar, daß bei Anwendung der traditionellen Verrechnungsmodi bestimmte Erzeugnisarten als gewinnbringend angesehen werden, obwohl sie in Wirklichkeit – wenn ihnen jene bonusbedingten Erlösschmälerungen zugerechnet werden, die ohne ihr Angebot unter sonst gleichen Umständen nicht angefallen wären – als Verlustprodukte zu betrachten sind.

Tab. 4: Die Bedeutung der Verrechnung periodenbezogener Umsatzrabatte für die richtige Beurteilung der Ertragskraft verschiedener Leistungsarten

I = globale umsatzwertproportionale Aufschlüsselung
II = nach Kunden differenzierende umsatzwertproportionale Aufschlüsselung
III = Verrechnung aufgrund isolierender Grenzbetrachtungen für einzelne Leistungsarten

		Leistungsarten	a	b	c	d	e
1		Engpaß-Inanspruchnahme bei Herstellung der Leistungsart (z. B. Arbeiter- oder Masch.-Std.)	1.800	100	1.500	2.100	280
2	I	scheinbarer Nettoerlös	191.742	15.733	203.541	167.160	63.914
3	I	./. Einzelkosten der Leistungsart	140.000	12.500	160.000	124.000	55.000
4	I	scheinbarer Erzeugnisbeitrag	51.742	3.233	43.541	43.160	8.914
5	I	scheinbarer engpaßbezogener Deckungsbeitrag	28,63	32,33	29,03	20,55	31,82
6	I	(Rang)	(4)	(1)	(3)	(5)	(2)
7	II	scheinbarer Nettoerlös	192.150	15.623	203.262	166.936	64.119
8	II	./. Einzelkosten der Leistungsart	140.000	12.500	160.000	124.000	55.000
9	II	scheinbarer Erzeugnisbeitrag	52.150	3.123	43.262	42.936	9.119
10	II	scheinbarer engpaßbezogener Deckungsbeitrag	28,97	31,23	28,84	20,45	32,57
11	II	(Rang)	(3)	(2)	(4)	(5)	(1)
12	III	ohne die betreffende Leistungsart c.p. nicht anfallender Nettoerlös	192.150	15.000	200.090	163.600	62.490
13	III	./. Einzelkosten der Leistungsart	140.000	12.500	160.000	124.000	55.000
14	III	effektiver Erzeugnisbeitrag	52.150	2.500	40.090	39.600	7.490
15	III	effektiver engpaßbezogener Deckungsbeitrag	28,97	25,00	26,73	18,86	26,75
16	III	(Rang)	(1)	(4)	(3)	(5)	(2)

Für die vergangenheitsbezogene, auf die Basis- bzw. Bezugsperiode der Bonus-Gewährung abstellende Abrechnung einzelner Leistungsarten ergeben sich aus den bisher erarbeiteten Resultaten folgende Konsequenzen:

- Die einer Leistungsart zuzurechnenden Boni sind nicht durch Aufteilung bzw. Aufschlüsselung der den Abnehmern dieser Leistungsart insgesamt gewährten Boni ermittelbar, sondern nur als Summe jener Beträge, die den Abnahmemengen der einzelnen Kunden zuzurechnen sind.

- Dies setzt innerhalb der Erlösrechnung eine Differenzierung nach einzelnen Kunden voraus. Es muß festgehalten werden, an welche Abnehmer die verschiedenen Leistungsarten geliefert wurden und welchen Umfang diese Lieferungen hatten.
- Eine Differenzierung nach „Kundengruppen" – z.B. eine Differenzierung nach Abnehmern, deren Gesamtumsatz in die gleiche Bonus-Klasse fällt – reicht nicht aus. Denn, um ermitteln zu können, welche Boni für die an einen Kunden gelieferten Mengen einer bestimmten Leistungsart zu verrechnen sind, muß man auch den genannten Gesamtumsatz des betreffenden Kunden kennen, weil für die Bonus-Zurechnung nicht unbedeutend ist, um wieviel dieser Gesamtumsatz die nächst niedrige „Rabattschwelle" übersteigt.

dd) Ansatz der Boni in der kurzfristigen Erfolgsrechnung

(1) *Keine generelle Bewertung der Leistung mit ihren Bruttoerlösen*

In Betrieben, die eine kurzfristige Erfolgsrechnung durchführen – für Zeiträume, die kürzer sind als die Bezugsperiode der Bonus-Gewährung – bereitet die Beantwortung der mit der vorliegenden Studie aufgeworfenen Fragen noch größere Schwierigkeiten. Denn zu dem Zeitpunkt, zu dem man solche „zwischenzeitlichen" Leistungsabrechnungen (z.B. für die Leistungen eines Monats bei jährlicher Bonusgewährung) vornimmt, lassen sich über die periodischen Gesamtumsätze der Kunden und damit über die Höhe der Boni, die die Kunden am Ende der Bonus-Abrechnungsperiode erhalten werden, noch keine präzisen Aussagen machen. Dennoch wäre es verfehlt, wenn man angesichts dieser Umgewißheit – der an anderer Stelle (S. 26) zitierten Auffassung *Zieglers* folgend – die einzelnen „zwischenzeitlichen" Lieferungen und Leistungen *generell mit ihren Bruttoerlösen bewerten*, ihnen also *überhaupt keine Boni zurechnen* würde. Wie unmittelbar einleuchtet, führt ein solches Vorgehen zwangsläufig zum vorübergehenden Ausweis von letztlich nicht realisierbaren Erlösen und Gewinnen. Dieser Effekt läßt sich nur vermeiden, wenn man berücksichtigt, daß die „zwischenzeitlichen" Lieferungen den Anspruch des Kunden auf Bonus-Gewährung sukzessive erhöhen, auch wenn dieser Anspruch erst am Ende der Bonus- Abrechnungsperiode fällig wird.
Aus der Sicht des für die Periodenabgrenzung maßgeblichen Realisationsprinzips muß diese im Laufe der Zeit einen immer höheren Wert annehmende Verbindlichkeit gegenüber den Kunden passiviert werden[19].

19 Das korrespondiert mit der Aktivierungspflicht für empfangene Boni, für die ein verbindlicher Rechtsanspruch besteht (deren Gewährung also nicht in das freie Ermessen der jeweiligen Lieferfirma gestellt ist). Einzelheiten hierzu vgl. bei *Heinlein, A.*: Die Bedeutung von Vertragsklauseln für den Aktivierungszeitpunkt von Umsatzbonusforderungen, in: Die Information über Steuer und Wirtschaft für Industrie, Handel, Handwerk und Gewerbe, 9. Jg. (1955), S. 277–278. – Aktivierung eines Umsatzbonus (o.V.), in: Rechtsarchiv der Wirtschaft, Norddeutsche Ausgabe, Jg. 1957, H. 2, S. 39–40. – *Jahn, Rolf-Dieter*: Umsatzvergütungen in der Bilanz und im Steuerrecht, in: Landmaschinen-Fachbetrieb, Jg. 1962, S. 266–268. – *Zint, W.*: Doppelte Buchführung, Teil II, S. 49.

Dieser für die externe Rechnungslegung maßgebliche Grundsatz verleitet zu der Auffassung, daß den während eines Abrechnungszeitraums nacheinander erledigten Aufträgen eines bestimmten Kunden jene bonusbedingten Erlösschmälerungen zuzurechnen sind, *die bei Ausführung der betreffenden Teillieferungen zu den bis dahin jeweils schon bestehenden Bonus-Verpflichtungen hinzukommen.*

(2) *Keine Anlastung der Boni in der Reihenfolge des zeitlichen Anfalls*

Eine solche Abrechnung deutet *Riebel* an. In bezug auf die Beurteilung eines zusätzlichen Auftrags bzw. für die Bestimmung von Preisuntergrenzen und Deckungsbeiträgen führt er aus: „Ist . . . zu erwarten, daß der Gesamtumsatzrabatt nur anfällt, wenn dieser zusätzliche Auftrag zustande kommt, dann ist für die Ermittlung der Preisuntergrenze oder des Deckungsbeitrags der gesamte auf den Mindestumsatz entfallende Rabatt diesem fraglichen Auftrag zuzurechnen. Ist dagegen der Mindestsatz (die Rabattschwelle, W.M.) ohnehin überschritten, dann kann im Rahmen von ‚Mitkalkulationen' im Zeitablauf jedem zusätzlichen Kundenauftrag auch der zusätzliche Gesamtumsatzrabatt zugerechnet werden, weil dieser jeweils durch den zusätzlichen Abschluß ausgelöst wird. Bei gestaffelten Jahresumsatzrabatten sind entsprechende Überlegungen wie für den Mindestumsatz anzustellen, wenn die

Tab. 5: Anlastung der Boni in der Reihenfolge des zeitlichen Anfalls – dargestellt am Beispiel des Kunden I (bei „angestoßener" Bonus-Staffel)
Beträge: DM in der Periode

	an den Kunden I nacheinander gelieferte Aufträge (Leistungsarten)	b	c	d	e
	Reihenfolge der Lieferung	1.	2.	3.	4.
1	Bruttoerlös der Aufträge (Leistungsarten)	12.000	62.000	74.000	15.000
2	kumulierte Bruttoerlöse	12.000	74.000	148.000	163.000
	kumulierte Bonus-Verpflichtungen				
3	1 %		240	250	250
4	3 %			750	750
5	5 %			2.400	2.500
6	7 %				910
7	insgesamt		240	3.400	4.410
8	Anlastung der Boni in der Reihenfolge des zeitlichen Anfalls		240	3.160	1.010
9	in % des Bruttoerlöses - ∅ 2,71 % -		0,39 %	4,27 %	6,73 %
10	scheinbarer Nettoerlös der Aufträge (Leistungsarten)	12.000	61.760	70.840	13.990

Schwelle einer neuen Rabattstufe erreicht wird oder bereits überschritten ist"[20]. Zu welchen Ergebnissen ein derartiges Vorgehen führt, wird in Tab. 5 auf S. 59 am Beispiel des Kunden I zunächst für eine „angestoßene" Bonus-Staffel veranschaulicht. Auf den ersten Blick mag eine solche Belastung der Aufträge mit Erlösschmälerungen gemäß der *Reihenfolge des zeitlichen Anfalls* sogar als „verursachungsgerecht" erscheinen. In Wirklichkeit lassen sich die praktisch relevanten Aufgaben des innerbetrieblichen Rechnungswesens jedoch mit diesem Verrechnungsmodus meines Erachtens nicht zufriedenstellend bewältigen. Im Beispielfall der Tab. 5 muß es bedenklich erscheinen, daß den zu Beginn der Abrechnungsperiode ausgelieferten Leistungen im Rahmen kurzfristiger Ergebnisrechnungen überhaupt keine bzw. nur sehr geringe Boni zugerechnet werden, während man die in den letzten Teilperioden abgewickelten Aufträge mit relativ hohen Bonus-Sätzen belastet. Dies kann z.B. bedeuten, daß die Belastung der gleichen Leistungsart(en) mit Boni in jedem Monat oder Quartal anders ausfällt. Tab. 6 soll das verdeutlichen: Von den Bruttoerlösen der Leistungsarten b, c und e würden im Beispielfall im ersten Quartal 0 %, im IV. Quartal 7 % Boni in Abzug gebracht. Wie das Beispiel erkennen läßt, kann ein solches Vorgehen dazu führen, daß die absolute und relative (auf den betrieblichen Engpaß bezogene) Ertragskraft einzelner Leistungsarten je nach Liefertermin ganz anders eingeschätzt wird. Im Beispielfall wird während des ersten Quartals der Eindruck erweckt, als sei vor allem der Absatz der Leistungsart e zu forcieren, während c als die schlechteste Programmkomponente erscheint (vgl. die Zeilen 12–13). Für das IV. Quartal ergibt sich trotz gleicher Produktions- und Absatzverhältnisse ein gänzlich anderes Bild: Der ehemalige Favorit ist auf den letzten Platz der Rangliste zurückgefallen.

Bereits aus dieser einfachen beispielhaften Darstellung erkennt man, daß eine Anlastung der Boni in der Reihenfolge des zeitlichen Anfalls zu völlig unbrauchbaren Ergebnissen führt. Zu Anfang der Bonus-Abrechnungsperiode wird überhaupt nicht berücksichtigt, daß der Kunde möglicherweise bis zum Ende des Abrechnungszeitraums doch noch in den Genuß relativ hoher Boni kommen wird. Ist dies schon zu Beginn der Rabattgewährungs-Periode mit großer Wahrscheinlichkeit abzusehen, so ist zu berücksichtigen, daß ohne die Auslieferung der ersten Aufträge ceteris paribus am Ende der Abrechnungsperiode verhältnismäßig hohe Boni entfallen wären. Hieraus ist zu folgern, daß bei einem Vorgehen, wie es hier kritisiert wird, vor allem den während der ersten Teilperiode ausgelieferten Leistungsarten viel zu niedrige Boni zugerechnet werden. Das gilt im Beispielfall der Tab. 6 auch für die im I. Quartal gelieferten Mengen der Leistungsarten b, c und e. Auch für diese hätte man schon 7 % des Bruttoerlöses als bonusbedingte Erlösschmälerungen verrechnen müssen, da der betreffende Kunde mit seinen insgesamt getätigten Einkäufen die Rabattschwelle, ab der ein 7 %-iger Bonus zu gewähren ist, weit überschreitet (150.000 < 234.000).

Eine Verrechnung der Boni in der Reihenfolge des zeitlichen Anfalls beinhaltet also *die Gefahr, daß man die Ertragskraft der zu Beginn der Bonus-Abrechnungsperiode gelieferten Leistungsarten generell überschätzt*, daß man für solche Produkt-

20 *Riebel, P.*: Ertragsbildung und Ertragsverbundenheit, S. 186.

Tab. 6: Leistungsartenerfolgsrechnung bei Anlastung der Boni in der Reihenfolge des zeitlichen Anfalls (bei „angestoßener“ Bonus-Staffel)
Beträge der Zeilen 2–10: DM in der Periode

	Teilperioden der Bezugsperiode der Bonus-Gewährung (Quartale)	I				II	III	IV				
1	an den betreffenden Kunden gelieferte Leistungsarten	b	c	e	Σ	verschiedene		b	c	e	Σ	Σ
2	Bruttoerlöse	4.800	24.800	6.000	35.600	88.400	74.400	4.800	24.800	6.000	35.600	234.000
	in der Reihenfolge des zeitlichen Anfalls verrechnete Boni											
3	0 %											
4	1 %					250						250
5	3 %					750						750
6	5 %					1.200	1.300					2.500
7	7 %						3.388	336	1.736	420	2.492	5.880
8	scheinbare Nettoerlöse	4.800	24.800	6.000	35.600	86.200	69.712	4.464	23.064	5.580	33.108	224.620
9	./. Einzelkosten der Erzeugung und des Vertriebs	3.750	19.168	5.077	27.995	69.500	52.750	3.750	19.168	5.077	27.995	178.240
10	scheinbare Erzeugnis- und Quartalsbeiträge	1.050	5.632	923	7.605	16.700	16.962	714	3.896	503	5.113	46.380
11	Engpaßinanspruchnahme bei Herstellung der Leistungsart (z.B. Arbeiter- oder Masch.Std.)	30,0	179.7	25,8				30,0	179,7	25,8		
12	scheinbarer engpaßbezogener Deckungsbeitrag der Leistungsarten	35,00	31,34	35,14				23,80	21,68	19,46		
13	(Rang)	(2)	(3)	(1)				(1)	(2)	(3)		

sorten zu niedrige Preisuntergrenzen kalkuliert und daher unter Umständen Leistungsarten in das Erzeugungsprogramm aufnimmt, die bei richtiger Würdigung der letztlich sich ergebenden Bonus-Gewährungs-Verpflichtungen nur sehr niedrige oder gar keine Deckungsbeiträge erbringen.
Besonders gefährlich – wenn auch in etwas anderer Hinsicht – erscheint die Belastung der Aufträge mit Boni gemäß der Reihenfolge des zeitlichen Anfalls *bei „durchgerechneten" Bonusstaffeln*. Um diese Gefahren näher erläutern zu können, habe ich das in Tab. 5 angeführte, auf den Kunden I bezogene Beispiel entsprechend modifiziert. Die so gewonnene Tab. 7 baut auf einer *„durchgerechneten"* Bonusstaffel auf und basiert auf der Annahme, daß die Aufträge des Kunden I *in der Reihenfolge d, e, b, c* ausgeliefert wurden. Wie man aus ihr ersieht, müßte man nach den Grundsätzen der „Mitkalkulation" der Lieferung e 12,87 % und der Lieferung b sogar 18,17 % für Boni anlasten, weil bei der Auslieferung dieser Aufträge jeweils eine Rabattschwelle (75.000,– DM bzw. 100.000,– DM) überschritten wird. Dabei besteht die Gefahr, daß sich die Unternehmung allein an diesen Ergebnissen orientiert und mit einiger Wahrscheinlichkeit zu der Auffassung kommt, die Annahme dieser Aufträge sei nicht rentabel, daß also völlig außer acht bleibt, daß für weitere Aufträge jeweils nur relativ niedrige Boni anfallen würden. Bei einer Anlastung der Boni nach dem hier kritisierten Prinzip kann es daher bei durchgerechneten Rabattstaffeln u.U. *zu einem vorzeitigen Abbruch der Kundenbeziehungen* kommen. Diese Gefahr ist besonders dann ausgeprägt, wenn die Annahme bzw. Auslieferung eines relativ kleinen Auftrags das Überschreiten einer Rabattschwelle zur Folge hat. Angesichts dieser Fehlerquellen kann diese Konzeption der Bonus-Verrechnung nicht akzeptiert werden. Sie wird den für die Gestaltung des entscheidungsorientierten Rechnungswesens maßgeblichen Grundsätzen nicht gerecht.

Tab. 7: Anlastung der Boni in der Reihenfolge des zeitlichen Anfalls – dargestellt am Beispiel des Kunden I (bei „durchgerechneter" Bonus-Staffel und veränderter Reihenfolge der Lieferungen)
Beträge: DM in der Periode

	an den Kunden I nacheinander gelieferte Aufträge (Leistungsarten)	d	e	b	c
	Reihenfolge der Lieferung	1.	2.	3.	4.
1	Bruttoerlös der Aufträge (Leistungsarten)	74.000	15.000	12.000	62.000
2	kumulierte Bruttoerlöse	74.000	89.000	101.000	163.000
	kumulierte Bonus-Verpflichtungen				
3	1 %	740			
4	3 %		2.670		
5	5 %			5.050	
6	7 %				11.410
7	Anlastung der Boni in der Reihenfolge des zeitlichen Anfalls	740	1.930	2.670	6.360
8	in % des Bruttoerlöses	1,00 %	12,87 %	18,17 %	10,26 %
9	scheinbarer Nettoerlös der Aufträge (Leistungsarten)	73.260	13.070	9.330	55.640

(3) *Auf die voraussichtlichen Gesamtumsätze der Bonus-Abrechnungsperiode abstellende Marginalbetrachtungen*

Soll die Erlösrechnung erkennen lassen, welche Boni ceteris paribus auf das Angebot und die Lieferung einer bestimmten Absatzleistung zurückzuführen sind, so muß man sich bemühen zu erfassen, wie die Auslieferung dieses Quantums unter sonst gleichen Bedingungen *die zu erwartende Höhe der am Ende des Abrechnungszeitraums für die voraussichtlichen Gesamtlieferungen dieser Periode insgesamt zu gewährenden Boni* verändern wird[21].

Diese Konsequenzen stehen allerdings erst dann eindeutig fest, wenn der betreffende Abnehmer bereits während der vorausgehenden Teilperioden des Abrechnungszeitraums soviel gekauft hat, daß ihm schon jetzt der *höchstmögliche Bonus-Satz* eingeräumt werden muß. Unter diesen Umständen ist es völlig gleichgültig, welche Lieferungen der Kunde in Zukunft noch erhalten wird: Vom Brutto-Erlös der „zwischenzeitlich" abzurechnenden Absatzleistung ist eine Erlösschmälerung in Höhe des maximalen Bonus-Satzes abzuziehen. Ebenso ist bei den eventuell noch folgenden Aufträgen zu verfahren.

Solange der höchste Bonus-Satz noch nicht erreicht ist, muß man bei der „zwischenzeitlichen" Abrechnung einer einzelnen Absatzleistung *Annahmen über das voraussichtliche Ausmaß der künftigen Lieferungen während der restlichen Teilperioden des Abrechnungszeitraums* machen, da es nur so möglich ist, die voraussichtliche Ex-post-Abrechnung für die Bezugsperiode der Bonus-Gewährung gedanklich zu antizipieren. Ausgangspunkt für die Konkretisierung solcher Erwartungen sind die aufgrund des Kaufverhaltens der einzelnen Kunden in den zurückliegenden Perioden gesammelten Erfahrungen sowie die allgemeinen kundenbezogenen Informationen über Betriebsgröße, Bedarf, Kaufkraft, Lieferantentreue usw. Von diesen Erwartungen hängt ab, mit welchen Boni die betreffende Absatzleistung zu belasten ist. Im Rahmen von Marginalbetrachtungen sind von jeder DM Umsatz prinzipiell soviel Prozent für Boni in Abzug zu bringen, wie für die letzte DM Umsatz des Jahres gewährt werden müssen.

Da Erwartungen der oben erwähnten Art niemals eindeutig sein können, bleibt auch die „zwischenzeitliche" Ex-post-Abrechnung einzelner Absatzleistungen stets mit einer gewissen Unsicherheit belastet. Es erscheint zweckmäßig, der Abrechnung den mathematischen Erwartungswert der für möglich gehaltenen Gesamtumsätze der einzelnen Kunden zugrundezulegen.

Ein einfaches Beispiel hierfür enthält die Tab. 8. Wie man sieht, besteht ein Streubereich von ± 2 %. Dem Beispiel liegt die Annahme zugrunde, man erwarte

21 Einer meiner Anregungen folgend, hat sich *Wieland Geese* (Die Zurechenbarkeit von Steuern auf Kalkulationsobjekte – Ein Beitrag zur Behandlung von Steuern im internen, entscheidungsorientierten Rechnungswesen, Diss. Frankfurt/Main 1971, S. 81–85) entschlossen, einen ganz analogen Verrechnungsmodus für die Biersteuer vorzuschlagen. Bemessungsgrundlage für diese Steuer ist das Absatzvolumen eines Rechnungsjahres. Ihre Höhe ist nach dem „Anstoßverfahren" gestaffelt, wie eine angestoßene Mengenrabattstaffel. Nach der Auffassung von *Geese* „ist grundsätzlich – unabhängig von der Besteuerungsstufe, in der sich die Brauerei im Dispositions- oder Kontrollzeitpunkt mit ihrem Absatzvolumen gerade befindet – dem Hektoliter Bier so viel an Biersteuer zuzurechnen, wie für den letzten im Jahr abgesetzten Hektoliter in Kauf genommen werden muß" (S. 84).

bestimmte Gesamtumsätze (vgl. Spalten 1 und 2) mit gewissen (subjektiven) Wahrscheinlichkeiten (vgl. Spalte 3). Meist werden sich die in solchen Wahrscheinlichkeiten zum Ausdruck kommenden Erwartungen im Laufe der Bonus-Abrechnungsperiode ändern, sobald an den betreffenden Kunden zusätzliche Aufträge ausgeliefert werden. Dementsprechend ist dann auch die Berechnung der für weitere Aufträge in Ansatz zu bringenden Boni an den neuen Informationsstand zu adaptieren.

Tab. 8: Beispiel für die Ermittlung des mathematischen Erwartungswertes der für einen Auftrag im Wert von 20.000,– DM in Ansatz zu bringenden Boni – bei gegebenen Erwartungen über den Gesamtumsatz des betreffenden Kunden
Beträge der Spalten 1 und 2 in Tsd. DM

1		2	3	4	5
Gesamtumsatz des Kunden		als repräsentativ angesehener (mittlerer) Wert der Klasse[1)]	Wahrscheinlichkeit der Umsätze[2)]	in Ansatz zu bringende Boni[3)]	mathematischer Ertragswert der in Ansatz zu bringenden Boni
über	bis				
90	100	95	0,02	3,0 %	5,0 % [4)]
100	110	105	0,05	3,5 %	
110	120	115	0,10	4,5 %	
120	130	125	0,20	5,0 %	
130	140	135	0,26	5,0 %	
140	150	145	0,20	5,0 %	
150	160	155	0,10	5,5 %	
160	170	165	0,05	6,5 %	
170	180	175	0,02	7,0 %	

1) stark vereinfachte Annahme
2) als gegeben unterstellt
3) Staffelung gemäß Abb. 1
4) $\sum$ Spalte 3 · Spalte 4

Eine solche Abrechnung der Boni ist wegen der ihr zugrundeliegenden unvollkommenen Informationen nicht intersubjektiv nachprüfbar. Dennoch erscheint uns eine Verrechnung der Boni nach diesen Grundsätzen nicht als willkürlich, sondern – wenn für die Bildung der Erwartungen geeignete Anhaltspunkte vorliegen – ein den an die entscheidungsorientierte Erlösrechnung zu stellenden Anforderungen gerecht werdender Weg.

Die in solchen Nachkalkulationen ausgewiesenen Nettoerlöse können aus den genannten Gründen allerdings nicht als reine „Ist-Erlöse" angesehen werden, weil ihre Höhe nicht nur von vergangenheitsbezogenen Größen, sondern teilweise auch vom künftigen Geschehen (von den weiteren Lieferungen des Abrechnungszeitraums) abhängt.

Wichtig ist, daß man beim Aufstellen der für die „zwischenzeitliche" Bonus-Verrechnung unumgänglichen Vermutungen über die voraussichtlichen künftigen Aufträge auch berücksichtigt, ob diese unter Beachtung der zu verrechnenden Erlösschmälerungen auch rentabel sein werden und angenommen werden können. Denn sonst besteht die Gefahr, daß angesichts des Rechnens mit relativ hohen Bonusprozentsätzen ein Auftrag nach dem anderen wegen unzureichender Rentabilität abge-

lehnt wird, während es doch wirtschaftlich gewesen wäre, wenigstens einen Teil von ihnen anzunehmen, weil für dieses kleinere Umsatzvolumen wesentlich weniger Boni angefallen wären.
Abschließend sei in diesem Kapitel noch am Rande erwähnt, daß man die jeweils erst nach Ablauf der gesamten Abrechnungsperiode zahlungswirksamen Boni streng genommen – wenn man den Zeitfaktor und das daraus resultierende Zinsproblem nicht vernachlässigen will – mit dem auf den Kalkulationszeitpunkt abgezinsten Wert für die jeweils interessierenden Leistungsarten (bzw. Aufträge) in Ansatz bringen müßte. Bei der Gewährung von Bonus-*Gutschriften* ergeben sich jedoch auch für ein solches Diskontieren der Boni Schwierigkeiten, weil nicht genau bekannt ist, wann diese Gutschriften tatsächlich zahlungswirksam werden. Relevant hierfür ist nämlich nicht der Tag, an dem solche Gutschriften erteilt werden, sondern der Tag, an dem der Kunde aufgrund dieser Gutschriften entsprechende Warenmengen einkauft, bzw. – noch genauer – der Tag, an dem diese Warenmengen sonst (wenn keine Gutschriften vorlägen) bezahlt worden wären.

e) Spezialprobleme bei „durchgerechneten" Bonus-Staffeln

aa) Die sprunghafte Zunahme der Boni beim Überschreiten einer „Rabattschwelle"

Bei „durchgerechneten" Rabattstaffeln ergeben sich gegenüber den angestoßenen Staffeln deshalb gewisse Besonderheiten, weil es hier – wie in Abb. 2 veranschaulicht – immer dann, wenn ein Kunde durch Steigerung (Reduzierung) seiner Bezüge eine höhere (niedrigere) Bonus- bzw. Rabattklasse erreicht, zu einer *sprunghaften Zunahme (Abnahme) der insgesamt zu gewährenden Mengenrabatte kommt.* Denn der Rabattsatz gilt jeweils für den *Gesamtumsatz der Periode* bzw. für den *Gesamtumsatzwert des Auftrags.* Unter Berücksichtigung dieser Tatsache würde ein Operieren mit der Ceteris-paribus-Klausel zur Folge haben, daß man solchen Leistungsarten, ohne deren Angebot und Lieferung einzelne Kunden unter sonst gleichen Umständen in eine niedrigere Rabattklasse abgesunken wären, auch die beim Unterschreiten der betreffenden „Rabattschwelle(n)" sprunghaft wegfallenden Beträge zurechnen müßte. In Tab. 9 wird dies kurz für die Gewährung periodenbezogener Gesamtumsatzrabatte am Beispiel des aus Tab. 3 bekannten Kunden I dargestellt – hier allerdings unter der Annahme einer *„durchgerechneten"* Bonus-Staffel. Wie man sieht, müßten den Leistungsarten c, d und e, wenn man sie jeweils für sich allein betrachtet, relativ hohe Prozentsätze für Boni (zwischen 10,26 % und 26,73 %) aufgebürdet werden, weil der Kunde beim Verzicht auf das Angebot und die Lieferung einer einzelnen dieser Leistungsarten jeweils in eine niedrigere Bonusklasse abgesunken wäre.

bb) Rabattbewußtes Verhalten der Abnehmer und daraus resultierende Konsequenzen

Allerdings erscheint das Operieren mit solchen Annahmen angesichts des zu erwartenden Verhaltens rabattbewußter Kunden äußerst fragwürdig. Es darf nicht übersehen werden, daß ein rabattbewußt einkaufender Abnehmer mit einiger Wahrscheinlichkeit versuchen wird, das Unterschreiten einer Rabattschwelle und die damit verbundene sprunghafte Verminderung seines Umsatzrabattes zu vermeiden. Dieses Ziel kann er prinzipiell auf zwei Wegen erreichen:

1. durch Vorziehen eines Teiles seiner sonst erst während der nächsten Periode(n) erteilten Bestellungen, also durch eine bloße *zeitliche Vorverlegung der Bedarfsdeckung*, oder
2. dadurch, daß er von anderen Leistungsarten *über den ursprünglich geplanten Bedarf hinaus zusätzliche Mengen* zukauft.

Tab. 9: Isolierende Grenz- bzw. Differenzbetrachtungen für einzelne Leistungsarten bei „durchgerechneter" Bonus-Staffel – dargestellt am Beispiel des Kunden I
Beträge: DM in der Periode

	an den Kunden I nacheinander gelieferte Aufträge (Leistungsarten)	b	c	d	e
1	Bruttoerlös der Aufträge (Leistungsarten)	12.000	62.000	74.000	15.000
	./. beim Verzicht auf das Angebot einer einzelnen Leistungsart c.p. wegfallende bonusbedingte Erlösschmälerungen				
2	a) c.p. wegfallende Boni in Höhe von 7 %	840	910	910	910
3	b) beim Unterschreiten der 4. Rabattschwelle (150.000.- DM) c.p. eintretende sprunghafte Verminderung des Umsatzrabattes (Bonus)		3.000	3.000	3.000
4	c) c.p. wegfallende Boni in Höhe von 5 %		2.450	2.500	100
5	d) beim Unterschreiten der 3. Rabattschwelle (100.000.- DM) c.p. eintretende sprunghafte Verminderung des Umsatzrabattes (Bonus)			2.000	
6	e) c.p. wegfallende Boni in Höhe von 3 %			330	
7	insgesamt	840	6.360	8.740	4.010
8	(in % des Bruttoerlöses)	(7,00%)	(10,26%)	(11,81%)	(26,73%)
9	beim Verzicht auf das Angebot einer einzelnen Leistungsart c.p. entgehende Nettoerlöse	11.160	55.640	65.260	10.990

Das Beispiel nimmt auf die in Abb. 2 auf S. 18 dargestellte Bonus-Staffel bezug.

Die Wahrscheinlichkeit dafür, daß es zu solchen Reaktionen der Kunden kommt, ist um so größer, je weniger der ohne das Angebot (und die Lieferung) der jeweils betrachteten Leistungsart ceteris paribus sich ergebende Gesamtumsatz des Kunden unterhalb der nächst höheren „Rabattschwelle" liegt. In extrem gelagerten Fällen ist ein Verhalten der eben angedeuteten Art sogar mit ziemlicher Sicherheit zu erwarten. Dies läßt sich besonders deutlich am Beispiel des Kunden I erklären, der ohne die Produktsorte e unter sonst gleichen Umständen in der betreffenden Abrechnungsperiode nur auf einen Gesamtumsatz von 148.000,– DM, somit also lediglich zu einem Umsatzbonus von 7.400,– DM (gegenüber 11.410,– DM einschließlich der Leistungsart e) gekommen wäre. Er hätte also 4.010,– DM an Bonus eingebüßt. Für ihn wäre es auf jeden Fall rentabel, seine Bezüge in der betreffenden

Periode bis zur nächst höheren Rabattschwelle (150.000,– DM) bzw. über diese hinaus zu erhöhen: Zusätzliche Bestellungen, deren Gesamtwert zwischen 2.000,– DM und 3.183,– DM liegt, erbringen ihm sogar eine effektive Kostenersparnis, da die hinzukommenden Brutto-Einkaufspreise unter diesen Bedingungen durch das Mehr an Umsatzrabatten überkompensiert werden.
Aus Tab. 10 geht hervor, daß solche Reaktionen der Kunden – rationales Verhalten vorausgesetzt - bei einer durchgerechneten Rabattstaffel, wie sie in Abb. 2 dargestellt ist, ab einer Höhe des Gesamtumsatzes von 146.842,11 DM mit Sicherheit zu erwarten sind, weil zusätzliche Einkäufe, die den Gesamtwert der Bezüge auf 150.000,– DM anheben, angesichts des Erreichens bzw. Überschreitens der Rabattschwelle sozusagen „umsonst" sind. Aber auch bei niedrigeren Gesamtumsätzen besteht noch eine große, wenngleich empirisch nur schwer feststellbare Wahrscheinlichkeit für ein solches Verhalten der Kunden, da zusätzliche Einkäufe dank des sprunghaften Anstiegs der Boni beim Überschreiten der 150.000,– DM-Schwelle relativ hohe zusätzliche Rabatte einbringen. Eine Steigerung der Einkäufe von 140.000,– DM auf 150.000,– DM bringt z.B. immer noch zusätzliche Boni („Grenz-Boni") von 35 % (vgl. Tab. 10, Zeile 9).

Tab. 10: Beim Steigern der Einkäufe bis zum Erreichen der Rabattschwelle von 150.000,– DM hinzukommende periodenbezogene Mengenrabatte (Boni)

	Steigerung des Bruttoumsatzes von .. DM auf 150.000,- DM	zusätzlicher Brutto-umsatz	zusätzlicher Bonus am Ende der Abrechnungsperiode		zusätzlicher Nettopreis in % des zusätzlichen Bruttopreises
			absolut	in % des zusätzlichen Bruttoumsatzes	
1	> 146.842,11	< 3.157,89	> 3.157,89	> 100 %	< 0
2	146.842,11	3.157,89	3.157,89	100 %	0
3	146.000	4.000	3.200	80 %	20,0 %
4	145.000	5.000	3.250	65 %	35,0 %
5	144.000	6.000	3.300	55 %	45,0 %
6	143.000	7.000	3.350	47,9 %	52,1 %
7	142.000	8.000	3.400	42,5 %	57,5 %
8	141.000	9.000	3.450	38,3 %	61,7 %
9	140.000	10.000	3.500	35,0 %	65,0 %
10	130.000	20.000	4.000	20,0 %	80,0 %
11	120.000	30.000	4.500	15,0 %	85,0 %
12	110.000	40.000	5.000	12,0 %	88,0 %
13	100.000	50.000	5.500	11,0 %	89,0 %

Einem solchen rabattbewußten Verhalten kann sich der Lieferbetrieb auch nicht widersetzen, da sonst der Sinn der gesamten Rabattgewährung ad absurdum geführt würde. Im Gegenteil: die für den Vertrieb zuständigen Personen werden die Kunden sogar einige Zeit vor dem Ende der Bonus-Abrechnungsperiode auf die Möglichkeit einer Erhöhung der Umsatzboni ausdrücklich aufmerksam machen, weil dies für sie ein zugkräftiges Verkaufsargument ist. Besonders die Reisenden und Vertreter werden sich bemühen, die Kunden zu einem rabattbewußten Verhalten zu bewegen.

Für die Weiterverrechnung der Boni auf Leistungsarten ist bedeutsam, *daß diese von der Technik der Rabattgewährung induzierten Reaktionen der Kunden die Gültigkeit der Ceteris-paribus-Klausel aufheben.* So muß man beispielsweise bei der Beurteilung der im betrachteten Beispielbetrieb an den Kunden I gelieferten Leistungsart e – wie schon angedeutet – berücksichtigen, daß dieser Abnehmer auch ohne das Angebot und die Lieferung dieser Leistungsart in der Bonusklasse von 7 % verblieben wäre, da er mit an Sicherheit grenzender Wahrscheinlichkeit für mindestens 2.000,– DM andere Waren zusätzlich oder früher als geplant gekauft hätte.
Hier sei zunächst angenommen, der Kunde I hätte, wenn ihm die bestellten Mengen der Leistungsart e nicht geliefert worden wären, im betreffenden Abrechnungszeitraum für 2.000,– DM zusätzlich andere Artikel gekauft, die er sonst erst in der nächsten Periode bezogen hätte (*Vorverlegung von Bestellungen*). In diesem Fall wären der Leistungsart e (Bruttoerlös 15.000,– DM) zuzurechnen:

1. für 13.000,– DM Umsatzboni in Höhe von 7 % und darüber hinaus zusätzlich
2. Boni in der Höhe jenes Betrages, um die sich die Bonusgewährungs-Verpflichtungen im nächsten Abrechnungszeitraum infolge der Reduzierung des Gesamtumsatzes dieser Folge-Periode um 2.000,– DM voraussichtlich vermindert hätten.

Dies bedeutet: Selbst wenn man sicher ist, daß der Kunde auf die Streichung der Leistungsart e mit einer Vorverlegung seiner Bestellungen reagiert hätte, lassen sich über den dieser Leistungsart zuzurechnenden Bonus-Betrag nur dann eindeutige Aussagen machen, *wenn man weiß, welche Boni dadurch im nächsten Abrechnungszeitraum entfallen wären.* Das erläutert die beispielhaft differenzierende Tab. 11, die zeigt, daß der der Leistungsart e zuzurechnende Bonus-Prozentsatz im Beispielfall zwischen 6,07 % und 7,0 % liegen kann.

Tab. 11: Der vom Kunden I gekauften Leistungsart e bei durchgerechneter Bonus-Staffel zuzurechnende Boni
Beträge: DM in der Periode

1. 7 % von 13.000,- DM	**910**				
2. jene Boni, die durch die Reduzierung der Umsätze des nächsten Abrechnungszeitraums um 2.000,- DM entfallen wären; bei einem marginalen Bonus-Satz von ..% sind dies	**0 %** **0**	**1 %** **20**	**3 %** **60**	**5 %** **100**	**7 %** **140**
3. für die 15.000,- DM der Leistungsart e insgesamt zu verrechnende Boni	**910**	**930**	**970**	**1.010**	**1.050**
4. in % (∅)	**6,07 %**	**6,20 %**	**6,47 %**	**6,73 %**	**7,00 %**

Am Beispiel des Kunden III (vgl. dessen Umsatzziffern in Tab. 2, Zeile 3) läßt sich für die Leistungsart e (Umsatz 25.000,– DM) zeigen, *daß der zu verrechnende Bonus-Prozentsatz auch höher liegen kann als der marginale Bonus der laufenden Periode.* Tab. 12 basiert auf der Annahme, daß der Kunde III dann, wenn ihm Leistungsart e nicht geliefert worden wäre, Bestellungen im Wert von 5.000,– DM von der folgenden Periode auf die gegenwärtige vorgezogen hätte, um nicht unter die Rabattschwelle von 100.000,– DM abzusinken. Für die 25.000,– DM Umsatz der Leistungsart e sind *5,40 % Bonus* – also mehr als 5,00 %(!) – zu verrechnen, wenn anzunehmen ist, daß durch die Reduzierung der Umsätze des nächsten Abrechnungszeitraums in dieser künftigen Periode Boni in Höhe von 7 % entfallen wären (siehe letzte Spalte von Tab. 12).

Tab. 12: Der vom Kunden III gekauften Leistungsart e bei durchgerechneter Bonus-Staffel zuzurechnende Boni
Beträge: DM in der Periode

1. 5 % von 20.000,- DM	1.000				
2. jene Boni, die durch die Reduzierung der Umsätze des nächsten Abrechnungszeitraums um 5.000,- DM entfallen wären: bei einem marginalen Bonus-Satz von ..% sind dies	0 % 0	1 % 50	3 % 150	5 % 250	7 % 350
3. für die 25.000,- DM der Leistungsart e insgesamt zu verrechnende Boni	1.000	1.050	1.150	1.250	1.350
4. in % (Ø)	4,00 %	4,20 %	4,60 %	5,00 %	5,40 %

Noch stärkere Abweichungen gegenüber dem marginalen Bonus der laufenden Periode können sich dann ergeben, *wenn sich ein Absinken in niedrigere Rabattklassen auch durch Reaktionen der erläuterten Art nicht völlig vermeiden läßt*. Betrachten wir hierzu die vom Kunden I gekaufte Leistungsart d. Ohne sie hätte man mit dem Kunden I ceteris paribus nur einen Gesamtumsatz von 89.000,– DM getätigt. Da die 89.000,– DM ebenfalls nur wenig unterhalb der Rabattschwelle von 100.000,– DM liegen, wird es für den Abnehmer allenfalls verlockend sein, seine Einkäufe noch um 11.000,– DM zu steigern, denn dadurch kann er seine Bonus-Ansprüche von 2.670,– DM auf 5.000,– DM, also um 2.330,– DM erhöhen (das sind ca. 21,2 % des zusätzlichen Brutto-Einkaufswertes von 11.000,– DM). Nimmt man an, daß der Abnehmer wiederum mit einer Vorverlegung seiner Bestellungen reagiert hätte, so erhält man die in Tab. 13 unter Punkt 4. (in Zeile 8) ausgewiesenen Resultate. Diese Werte liegen zwar unterhalb der in Tab. 9 ausgewiesenen Ergebnisse des Rechnens mit der Ceteris-paribus-Klausel, aber immer noch deutlich über der nominellen Höhe des maximalen Bonus-Satzes der Bonus-Staffel (!). Grund hierfür ist die Annahme, daß der nicht mit Leistungsart d belieferte Kunde seine Bezüge durch Vorverlegung von Bestellungen *lediglich über die nächst höhere Rabattschwelle (100.000,– DM) gesteigert hätte*, so daß ihm auf jeden Fall die beim Unterschreiten der Rabattschwelle von 150.000,– DM wegfallenden Boni (3.000,– DM) entgangen wären.
Mit noch höheren Bonus-Prozentsätzen ist zu rechnen, *wenn Kunden-Reaktionen der eben besprochenen Art nicht mit Sicherheit, sondern nur mit einiger Wahrscheinlichkeit (oder gar nicht) zu erwarten sind.* Hierzu kann auf Tab. 13, Punkt 5. (Zeilen 9–13) verwiesen werden sowie für den Extremfall auf Leistungsart c, ohne

die der Kunde I unter sonst gleichen Umständen nur einen Gesamtumsatz von 101.000,– DM erreicht hätte. Da dieser Betrag bereits knapp über der dritten Rabattschwelle von 100.000,– DM, aber noch weit unterhalb der vierten Rabattschwelle von 150.000,– DM liegt, erscheinen Reaktionen der hier diskutierten Art in bezug auf diese Produktsorte unwahrscheinlich, so daß es gerechtfertigt ist, dieser Leistungsart im Rahmen isolierender Marginalbetrachtungen die ceteris paribus wegfallenden Boni in Höhe von

$$\frac{163.000 \cdot 0{,}07 - 101.000 \cdot 0{,}05}{62.000} = 10{,}26\ \%\ \text{zuzurechnen}$$

(vgl. dazu auch nochmals auf Seite 66 Tab. 9, Zeile 8, 2. Spalte).

Tab. 13: Der vom Kunden I gekauften Leistungsart d bei durchgerechneter Bonus-Staffel zuzurechnende Boni
Beträge: DM in der Periode

	1. für die wegfallenden 63.000,- DM der Leistungsart d zu verrechnende Boni					
1	a) wegfallende Boni in Höhe von 7 % (13.000 · 0,07)			910		
2	b) beim Unterschreiten der 4. Rabattschwelle (150.000,- DM) sprunghaft wegfallende Boni			3.000		
3	c) wegfallende Boni in Höhe von 5 % (50.000 · 0,05)			2.500		
4	insgesamt			6.410		
	2. jene Boni, die durch die Reduzierung der Umsätze des nächsten Abrechnungszeitraums um 11.000,- DM entfallen wären					
5	bei einem marginalen Bonus-Satz von ... %	0 %	1 %	3 %	5 %	7 %
6	sind dies	0	110	330	550	770
7	3. für die 74.000,- DM der Leistungsart d insgesamt zu verrechnende Boni	6.410	6.520	6.740	6.960	7.180
8	4. in % (Ø), bei w*) = 100 %	8,66 %	8,81 %	9,11 %	9,41 %	9,70 %
	5. in % (Ø), bei w*) < 100 %					
9	80 %	9,29 %	9,41 %	9,65 %	9,89 %	10,12 %
10	60 %	9,92 %	10,01 %	10,19 %	10,37 %	10,54 %
11	40 %	10,55 %	10,61 %	10,73 %	10,85 %	10,97 %
12	20 %	11,18 %	11,21 %	11,27 %	11,33 %	11,39 %
13	0 %			11,81 %		

*) w = Wahrscheinlichkeit, daß der Kunde Bestellungen im Gesamtwert von 11.000,- DM von der Folgeperiode auf die laufende Periode vorverlegt.

Bereits die bis hierher herausgestellten Feststellungen enthalten einige bemerkenswerte Fakten. Zunächst ist festzuhalten, daß die Weiterverrechnung von Boni auf einzelne, an „Mehrprodukt-Kunden" gelieferte Leistungsarten bei durchgerechneten

Staffeln *Annahmen über den Grad rabattbewußten Verhaltens der Kunden* voraussetzen. Man benötigt Informationen darüber, ob bzw. mit welcher Wahrscheinlichkeit ein Kunde auf die Nichtlieferung einer bestimmten Leistungsart mit der Vorverlegung von Bestellungen (oder der Erteilung zusätzlicher Aufträge)[22] reagiert hätte, um ein Absinken unter eine Rabattschwelle zu vermeiden. Daß eine zumindest der Theorie nach exakte Ermittlung der bei Verwirklichung einer bestimmten Entscheidung hinzukommenden bzw. wegfallenden Mengenrabatte nur unter Berücksichtigung potentieller „Anpassungs"-Reaktionen der Kunden möglich ist, erschwert die Zurechnung von Mengenrabatten auf einzelne Leistungsarten – wie die vorausgehenden Darlegungen zeigen – sehr. Dies ist eine Besonderheit, der man nur auf der Absatzseite, innerhalb der Erlösrechnung, begegnet. Die Ermittlung marginaler Kosten im Rahmen der Kostenrechnung erfordert mitunter allenfalls Annahmen über das *eigene* Verhalten, wie etwa beim Nebeneinander mehrerer Bestellwege Annahmen darüber, in welcher Reihenfolge diese Bereitstellungswege bei einer Ausweitung (bzw. Reduzierung) des Produktionsvolumens genutzt (bzw. nicht mehr in Anspruch genommen) werden. Während sich hierfür in der Regel plausible Prognosen stellen lassen, sind die hier ausführlich diskutierten Reaktionen *anderer* (der Kunden) nur schwer prognostizierbar. Und damit steht die Zurechnung von Mengenrabatten bei durchgerechneten Rabattstaffeln zwangsläufig auf einem mit großen Unsicherheiten belasteten Fundament.

Ob bzw. inwieweit sich die einzelnen Kunden rabattbewußt verhalten, mit welcher Wahrscheinlichkeit sie jeweils versuchen (werden), ihren Gesamtumsatz bis zum Erreichen der nächst höheren Rabattschwelle bzw. über diese hinaus zu steigern, läßt sich nur durch empirische Untersuchungen erkunden, insbesondere durch umsatzstatistische Erhebungen. Je ausgeprägter die Gesamtumsatz-Volumina der Kunden innerhalb der einzelnen Rabattklassen linkssteil verteilt sind, je mehr sich diese Gesamtumsätze auf den Bereich kurz oberhalb einer Rabattschwelle konzentrieren, desto intensiver sind die Kunden bemüht, die ihnen durch die Rabattstaffelung gebotenen wirtschaftlichen Vorteile zu nutzen (vgl. dazu die schematische Darstellung in Abb. 4 auf Seite 72).

Ist damit zu rechnen, daß Kunden aus den genannten Gründen Bestellungen *vorverlegen*, so benötigt man weiterhin *Anhaltspunkte über den voraussichtlichen Gesamtumsatz des betreffenden Kunden in der nächsten Periode*, denn nur wenn man hierüber informiert ist, kann man Angaben darüber machen, welche Boni im nächsten Abrechnungszeitraum durch die Vorverlegung der Bestellungen voraussichtlich entfallen wären. Erwartet man steigende Umsätze, so sind einer Leistungsart im gegenwärtigen Abrechnungszeitraum der Tendenz nach höhere Boni zuzurechnen als dann, wenn man für den nächsten Abrechnungszeitraum einen niedrigeren Gesamtumsatz des betreffenden Kunden und damit zugleich relativ niedrigere Bonus-Gewährungsverpflichtungen erwarten würde.

Bemerkenswert erscheint außerdem, daß im Rahmen von Marginalbetrachtungen für einzelne Leistungsarten *teilweise mit Bonus-Prozentsätzen gerechnet werden muß, deren nominelle Höhe den Bonus-Prozentsatz der höchsten Bonus-Klasse um einiges*

22 Zu Einzelheiten hierzu siehe S. 79 f.

übersteigt. Das gilt – wie man sieht – vor allem für Leistungsarten, deren Anteil am Gesamtumsatz relativ groß ist, ohne deren Angebot und Lieferung mit großer Wahrscheinlichkeit trotz der geschilderten Kundenreaktionen ein Absinken in eine niedrigere Bonus-Klasse nicht vermeidbar gewesen wäre. *Es liegen also völlig andere Bedingungen vor als bei angestoßenen Staffeln*. Denn für diese wurde festgestellt, daß die Belastung mit Umsatzboni c. p. um so *niedriger* ausfällt, je *großer* der Anteil der Leistungsart am Gesamtumsatz des Kunden ist.

Abb. 4: Das in der Umsatzstatistik zum Ausdruck kommende Rabattbewußtsein der Kunden

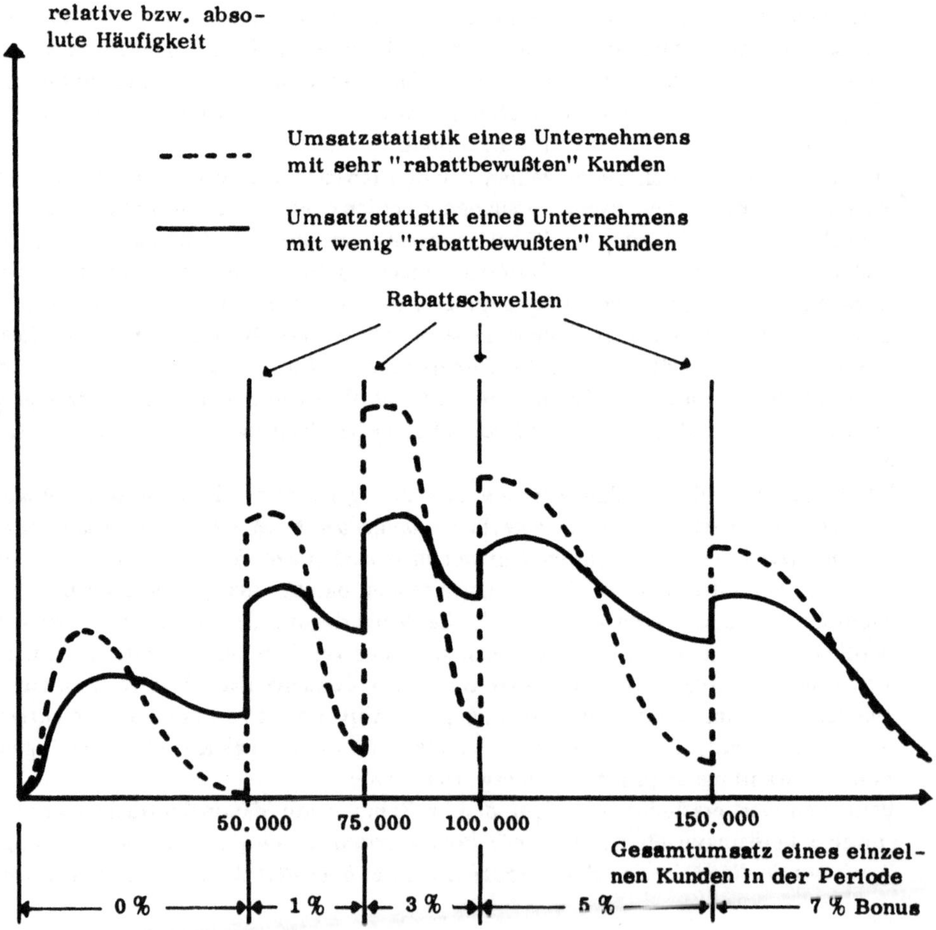

cc) Remanenzerscheinungen und beschleunigter Anstieg der Mengenrabatte

Die vorstehend geschilderten Besonderheiten gelten in analoger Weise auch für *zukunftsbezogene Prognosen von Veränderungen der Erlöse bzw. der Erlösstruktur.* Unmittelbare Gültigkeit hat das bisher Gesagte für jene Fälle, in denen eine *Reduzierung des Absatzvolumens* durch Wegfall einzelner Leistungsarten erwartet wird. Für die Prognose einer *Ausweitung des Absatzvolumens* ist der Denkansatz zu modifizieren. Um dies näher erläutern zu können, sei beispielhaft auf den Kunden III Bezug genommen. Im bisher betrachteten Abrechnungszeitraum wurden für ihn in der Erlösrechnung ausgewiesen:

Insgesamt erzielte Bruttoerlöse

Leistungsart b	3.000,– DM
Leistungsart c	65.000,– DM
Leistungsart d	27.000,– DM
Leistungsart e	25.000,– DM
insgesamt	120.000,– DM
hierfür gewährte Boni (5%)	6.000,– DM
insgesamt erzielte Nettoerlöse	114.000,– DM

Es sei angenommen, man rechnet für die *nächste Periode* mit prinzipiell gleich hohen Umsätzen bei den Leistungsarten b, c und d, aber mit ungefähr *dem doppelten Absatzvolumen der Leistungsart e.* Bei der *Ermittlung jener Boni, die für die voraussichtlich zusätzlich absetzbaren Mengen der Produktart e zu verrechnen sind,* ist zu berücksichtigen, daß der Kunde wohl kaum nur Einkäufe im Gesamt-(brutto-) Wert von 120.000 + 25.000 = 145.000,– DM tätigen wird. Er wird mit ziemlicher Sicherheit in dieser Abrechnungsperiode noch für weitere 5.000,– DM Bestellungen erteilen, um die Rabattschwelle von 150.000,– DM zu überschreiten und damit für seine gesamten Einkäufe 7 % Bonus zu erhalten. Denn der „Grenz-Bonus“ für die zusätzlich einzukaufenden Waren im Wert von 5.000,– DM beträgt – gemäß Zeile 4 der Tab. 10 – immerhin 65 % (!). Nimmt man an, daß der Kunde in der Größenordnung von 5.000,– DM Einkäufe „*vorzieht*“, und daß ihm für diese Einkäufe, wenn er sie erst im darauf folgenden Abrechnungszeitraum getätigt hätte, 7 % Bonus gutgeschrieben worden wären, so hätte man *für den zusätzlichen Umsatz der Leistungsart e von* 25.000,– DM Boni in Höhe von

$$\frac{150.000 \cdot 0{,}07 - 120.000 \cdot 0{,}05 - 5.000 \cdot 0{,}07}{25.000} = 16{,}60\,\%$$

in Ansatz zu bringen, einen Prozentsatz, der mehr als doppelt so hoch ist als der Nominalwert der maximalen effektiven Bonus-Klasse (!).

Hätte man dagegen bei prinzipiell unveränderten Umsätzen der Leistungsarten b, c und d damit gerechnet, *daß der Kunde von Leistungsart e in der nächsten Periode gar nichts mehr kauft* (Reduzierung des Absatzvolumens um 25.000,– DM), so hätte man es für wahrscheinlich halten müssen, daß dieser Abnehmer ebenfalls Einkäufe im Gesamtwert von 5.000,– DM vorverlegt, um nicht unter die Rabattschwelle von 100.000,– DM abzusinken, denn für diese zusätzlichen Einkäufe ergibt sich gegenüber einem Brutto-Einkaufsvolumen von 95.000,– DM ein zusätzlicher Bonus von 43,00 % (!). Wäre dem Kunden für diese Einkäufe im Wert von 5.000,– DM dann, wenn er sie erst in der nächsten Periode getätigt hätte, eine Gutschrift in Höhe von 3,0 % erteilt worden, hätte man *für den wegfallenden Umsatz der Leistungsart e von 25.000,– DM* Boni in Höhe von

$$\frac{120.000 \cdot 0{,}05 - 100.000 \cdot 0{,}05 \cdot 5.000 \cdot 0{,}03}{25.000} = 4{,}60\ \%$$

zu verrechnen.

Diese beispielhafte Gegenüberstellung offenbart eine weitere für durchgerechnete Rabattstaffeln typische Besonderheit: Das bei rabattbewußten Kunden ausgeprägte Bestreben, mit dem Gesamtumsatz einer Abrechnungsperiode möglichst nicht knapp unterhalb einer Rabattschwelle zu bleiben, sondern diese möglichst zu erreichen bzw. zu überschreiten, löst *in Zeiten des Absatzrückgangs eine Art Remanenz der rabattbedingten Erlösschmälerungen* aus, während es *bei einer Ausweitung des Absatzvolumens zu einem beschleunigten Anstieg der Rabatte führt.* Man kann dieses Phänomen, wie ich in Gesprächen mit Firmen einschlägiger Branchen erfahren konnte, auch in der Praxis beobachten: Bei einer Reduzierung der Umsätze fallen die Boni der Tendenz nach langsamer ab als sie bei einer Umsatzsteigerung zunehmen.

Aus den eben genannten Gründen ist es unmöglich, eine eindeutige, für Absatzsteigerungen und Absatzrückgänge gleichermaßen gültige funktionale Beziehung zwischen Absatzvolumen und Mengenrabatten (Boni) abzuleiten, die dann der Verrechnung dieser Erlösschmälerungen auf Leistungsarten zugrundegelegt werden könnte. Welche Boni der Teil- oder Gesamtmenge einer Leistungsart zuzurechnen sind, hängt stets auch davon ab, ob diese Menge zu den bisherigen Umsätzen *hinzukommt* (hinzugekommen wäre) oder *wegfällt* (weggefallen wäre). Das soll durch Abb. 5 (in Verbindung mit Tab. 14) anhand eines einfachen numerischen Beispiels erläutert werden. Für diese Darstellungen gelten folgende *Symbole* und *Prämissen*:

Symbole:

I = Alternative Ausgangspunkte von Veränderungen des periodischen Gesamtumsatz-Volumens eines Kunden (Gesamtumsatz eines Kunden in der Periode x),

II = Wahrscheinlichkeit dafür, daß der Kunde, von dem man annimmt, daß er künftig – in der Periode x + 1 – eine bisher an ihn für 25.000,– DM pro Periode gelieferte Leistungsart *nicht mehr kauft*, bestrebt sein wird, durch zeitliches Vorziehen von Bestellungen, die er sonst erst in der nächsten Periode (x + 2) erteilt hätte, die Rabattschwelle von 100.000,– DM nicht zu unterschreiten,

Abb. 5: Für erwartete Veränderungen des Umsatz-Volumens eines Kunden (um 25.000,– DM) in Ansatz zu bringende Boni

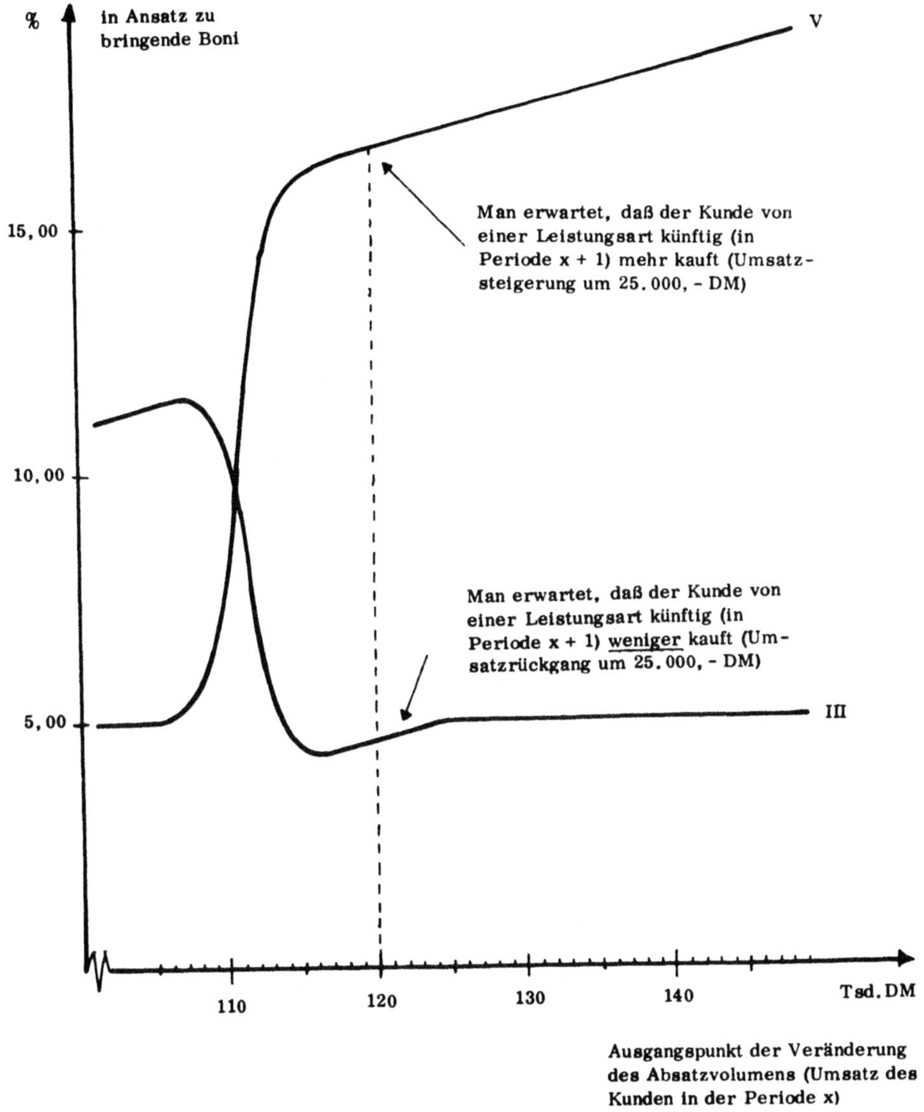

Tab. 14: Zahlenangaben zu Abb. 5

I	II	III	IV	V
149.000		5,00		18,92
148.000		5,00		18,84
147.000		5,00		18,76
146.000		5,00		18,68
145.000		5,00		18,60
144.000		5,00		18,52
143.000		5,00		18,44
142.000		5,00		18,36
141.000		5,00		18,28
140.000		5,00		18,20
139.000		5,00		18,12
138.000		5,00		18,04
137.000		5,00		17,96
136.000		5,00		17,88
135.000		5,00		17,80
134.000		5,00		17,72
133.000		5,00		17,64
132.000		5,00		17,56
131.000		5,00		17,48
130.000		5,00		17,40
129.000		5,00		17,32
128.000		5,00		17,24
127.000		5,00		17,16
126.000		5,00		17,08
125.000		5,00		17,00
124.000	1,00	4,92	1,00	16,92
123.000	1,00	4,84	1,00	16,84
122.000	1,00	4,76	1,00	16,76
121.000	1,00	4,68	1,00	16,68
120.000	1,00	4,60	1,00	16,60
119.000	1,00	4,52	1,00	16,52
118.000	1,00	4,44	1,00	16,44
117.000	1,00	4,36	1,00	16,36
116.000	1,00	4,28	1,00	16,28
115.000	0,97	4,44	0,99	16,08
114.000	0,92	4,76	0,97	15,79
113.000	0,82	5,48	0,92	15,16
112.000	0,62	7,00	0,83	14,10
111.000	0,37	8,92	0,65	12,07
110.000	0,17	10,44	0,35	8,78
109.000	0,07	11,16	0,17	6,82
108.000	0,02	11,48	0,08	5,85
107.000	0,00	11,56	0,03	5,32
106.000	0,00	11,48	0,01	5,10
105.000	0,00	11,40	0,00	5,00
104.000	0,00	11,32	0,00	5,00
103.000	0,00	11,24	0,00	5,00
102.000	0,00	11,16	0,00	5,00
101.000	0,00	11,08	0,00	5,00

III = Für den erwarteten Absatzrückgang um 25.000,– DM in Ansatz zu bringende Boni (in %),

IV = Wahrscheinlichkeit dafür, daß der Kunde, von dem man eine *Ausweitung des Einkaufsvolumens* bei einer Leistungsart um 25.000,– DM erwartet, Bestellungen in dem wertmäßigen Umfang von der nächsten Periode (x + 2) auf den Abrechnungszeitraum x + 1 vorverlegt, daß er die Rabattschwelle von 150.000,– DM erreicht bzw. überschreitet,

V = Für die erwartete Absatzsteigerung um 25.000,– DM in Ansatz zu bringende Boni (in %).

Prämissen:

Für den Fall eines *Absatzrückgangs* wird unterstellt, daß bei der Vorverlegung von Bestellungen von Periode x + 2 auf Periode x + 1 im Zeitraum x + 2 Boni in Höhe von 3 % wegfallen.

Für den Fall einer *Absatzsteigerung* wird unterstellt, daß bei der Vorverlegung der Bestellungen von Periode x + 2 auf Periode x + 1 im Zeitraum x + 2 Boni in Höhe von 7 % wegfallen.

Abb. 5 läßt erkennen: Je nachdem, von welchem Absatzvolumen man ausgeht, sind für dieselbe erwartete Veränderung des Gesamtumsatzvolumens eines Kunden (im Beispiel für eine Absatzsteigerung bzw. einen Absatzrückgang von 25.000,– DM) andere Bonus-Sätze zu verrechnen. Für ein Absatzvolumen von 120.000,– DM als Ausgangspunkt von Erlösveränderungs-Rechnungen werden die vorausgehenden, auf die vom Kunden III gekaufte Leistungsart e abstellenden verbalen Aussagen bestätigt.

Der Verlauf der Linie III in Abb. 5 erklärt sich folgendermaßen: Zunächst, bei Kunden, deren Gesamtumsatz kleiner als 107.000,– DM ist, werden für den Fall des Absatzrückgangs *keine Anpassungsreaktionen* erwartet. Die daher zu verrechnenden ceteris paribus wegfallenden Boni sind relativ hoch, da die Rabattschwelle von 100.000,– DM unterschritten wird. Der Anstieg der zu verrechnenden Boni bis zu einem Gesamtumsatzvolumen von 107.000,– DM ergibt sich deshalb, weil für einen immer größeren Teil der wegfallenden Umsätze Boni in Höhe von 5,00 % (statt 3,0 %) in Ansatz zu bringen sind.

Der Abfall der Kurve im Bereich der Gesamtumsatzvolumina zwischen mehr als 107.000,– DM und 116.000,– DM resultiert aus der Zunahme der Wahrscheinlichkeit für Anpassungs-Reaktionen der Kunden (Vorverlegung von Bestellungen von Periode x + 2 auf Periode x + 1, in dem Maße, daß die Rabattschwelle von 100.000,– DM nicht unterschritten wird). Dies geht in Tab. 14 aus Spalte II hervor. Für Gesamtumsatzvolumina zwischen 116.000,– DM und unter 125.000,– DM werden solche Reaktionen der Kunden mit Sicherheit erwartet. In diesem Bereich steigt die Kurve wiederum deshalb an, weil für einen immer kleineren Teil der vorverlegten Bestellungen wegfallende Boni in Höhe von 3 % (die Periode x + 2 betreffend) anzusetzen sind. Für Gesamtumsätze von 125.000,– DM und mehr gilt der marginale Bonus-Satz von 5 %, da Kunden, die so viel einkaufen, auch bei einem Absatzrückgang von 25.000,– DM nicht unter die Rabattschwelle von 100.000,– DM absinken.

Der Verlauf der Kurve V läßt sich analog erklären.

Zu völlig anderen Ergebnissen käme man, wenn man größere oder kleinere Veränderungen des Absatzvolumens zu beurteilen hätte.

dd) Der Einfluß von Preisänderungen auf die Höhe der anzusetzenden Boni

Wenn ein Kunde aus den geschilderten Gründen Bestellungen von einer Periode auf einen früheren Abrechnungszeitraum *vorverlegt*, so ist die Höhe der zu verrechnenden Boni nicht unabhängig davon, ob die Preise der betreffenden Produkte konstant bleiben oder nicht. Das sei am Beispiel von *Preissteigerungen* erläutert. Diese beeinflussen die Bonusverrechnung einmal deshalb, weil sie, wenn sie sich voraussehen lassen, die Neigung zur Vorverlegung von Bestellungen begünstigen. Damit erhöhen sie die Wahrscheinlichkeit eines rabattbewußten Verhaltens der Abnehmer: Ein Kunde, der beabsichtigt, Einkäufe „vorzuziehen", um nicht unter eine bestimmte Rabattschwelle abzusinken bzw. um die nächst höhere Rabattschwelle zu überschreiten, wird sich dazu, wenn er Preissteigerungen befürchten muß, mit größerer Wahrscheinlichkeit entschließen.
Bedeutsam ist aber allein auch schon die Tatsache, daß er für die Beschaffung der gleichen Menge in der nächsten Periode mehr ausgeben muß. Kauft z.B. der in Tab. 12 betrachtete Kunde III, dem die Leistungsart e nicht geliefert wurde, in der betreffenden Abrechnungsperiode durch Vorverlegung von Bestellungen zusätzlich noch für 5.000,– DM Waren ein, für die er in der nächsten Periode angesichts eines zu erwartenden Preisanstiegs von 10 % 5.500,– DM hätte bezahlen müssen, so sind die Boni, die durch die Reduzierung der Umsätze des nächsten Abrechnungszeitraums entfallen wären, auf den wegfallenden Umsatz von 5.500,– DM zu berechnen. Man erhält dann die in Tab. 15 ausgewiesenen Ergebnisse. Sie liegen für den Fall, daß auch in Zukunft Bonus-Gewährungs-Verpflichtungen bestehen, über denen der auf Seite 69 abgedruckten Tab. 12.

Tab. 15: Der vom Kunden III gekauften Leistungsart e zuzurechnende Boni – bei durchgerechneter Rabattstaffel und einem Preisanstieg von 10 %
Beträge: DM in der Periode

1. 5 % von 20.000,- DM	1.000				
2. jene Boni, die durch die Reduzierung der Umsätze des nächsten Abrechnungszeitraums um 5.500,- DM*) entfallen wären: bei einem marginalen Bonus-Satz von .. % sind dies	0 % 0	1 % 55	3 % 165	5 % 275	7 % 385
3. für die 25.000,- DM der Leistungsart e insgesamt zu verrechnende Boni	1.000	1.055	1.165	1.275	1.385
4. in % (Ø)	4,00 %	4,22 %	4,66 %	5,10 %	5,54 %

*) Infolge einer Preissteigerung von 10 % entfallen für 5.000,- DM zusätzliche Einkäufe im laufenden Abrechnungszeitraum bei insgesamt gleicher Bedarfsdeckung in der künftigen Periode 5.500,- DM Umsatz.

Voraussetzung für die Gültigkeit dieser Resultate ist allerdings, daß die hier diskutierten Kundenreaktionen tatsächlich nur zu einer *zeitlichen Vorverlegung der Bedarfsdeckung* führen.

ee) Besonderheiten, wenn rabattbewußt einkaufende Kunden zusätzliche Bestellungen erteilen

Wie bereits einleitend zu diesem Kapitel (auf S. 66) betont wurde, ist nicht auszuschließen, daß ein Kunde dann, wenn ihm eine bestimmte Leistungsart nicht geliefert worden wäre, im Streben nach Erhaltung seines Rabatt-Niveaus unter Umständen – statt künftige Bestellungen vorzuverlgen – *über den ursprünglich geplanten Bedarf hinaus zusätzliche Mengen anderer Leistungsarten zugekauft hätte*. Dieser Typ eines rabattbewußten Verhaltens führt bei der Bonus-Verrechnung zu etwas anderen Ergebnissen. Um das anhand eines Beispiels erläutern zu können, werden nochmals die vom Kunden III gekauften Mengen der Leistungsart e betrachtet. Nimmt man an, der Kunde hätte, wenn er nicht mit dieser Leistungsart beliefert worden wäre, tatsächlich im Wert von 5.000,– DM andere Artikel *zusätzlich eingekauft*, so wäre dem Betrieb nur ein Bruttoerlös von 20.000,– DM entgangen. Aus dieser Sicht hat der Lieferbetrieb bei Annahme des Auftrags über die Leistungsart e in Wirklichkeit nicht über einen Brutto-Umsatz von 25.000,– DM disponiert, sondern nur über 20.000,– DM Brutto-Umsatz. Die restlichen 5.000,– DM wären dem Betrieb unter den gegebenen Umständen sozusagen ohnehin zugeflossen, eben weil der Kunde III bei Nichtlieferung der Leistungsart e andere Leistungsarten gekauft hätte, um auf jeden Fall über die Rabattschwelle von 100.000,– DM zu kommen. Man kann daher sagen, daß Leistungsart e bezüglich der 5.000,– DM mit anderen Leistungsarten um das gleiche absatzwirtschaftliche Potential konkurriert. 5.000,– DM Brutto-Umsatz der Leistungsart e sind nur an die Stelle von 5.000,– DM Brutto-Umsatz einer anderen Leistungsart getreten. So gesehen sind also auf das Angebot und die Lieferung der Leistungsart e nur 20.000,– DM zusätzlicher Brutto-Erlös zurückzuführen, und für diesen Brutto-Erlös sind Boni in Höhe des marginalen Bonus-Satzes, also 5 % (1.000,– DM) zu verrechnen. Man beachte den Unterschied zu dem für den Fall einer „Vorverlegung von Bestellungen" ermittelten Resultat (4,6 %).
Zusätzlich muß bei der Beurteilung der Ertragskraft von Leistungsart e unter den hier betrachteten Bedingungen allerdings berücksichtigt werden, daß sich aller Voraussicht nach durch dieses Angebot und die Lieferung dieser Produktsorte auch noch Veränderungen auf der Kostenseite des Betriebes ergeben haben, da nicht davon ausgegangen werden kann, daß die Leistungsart e genau denselben Deckungsbeitrag pro DM Umsatz aufweist wie jene Artikel, die bei Nichtlieferung dieser Leistungsart zusätzlich gekauft worden wären. Doch sind diese Kostenwirkungen empirisch kaum faßbar.
Sind die erlösmäßigen Konsequenzen einer *Ausweitung* des Absatzvolumens zu prognostizieren, ist wiederum ein etwas anderer Denk- und Rechenansatz erforderlich: Es sei angenommen, daß der Kunde III im Laufe des Abrechnungszeitraums

über das bisherige Brutto-Umsatzvolumen von 120.000,– DM hinaus nochmals für 25.000,– DM Mengen der Leistungsart e bestellt. Für weitere Bestellungen liegen zwar keine besonderen Anhaltspunkte vor; da sich der Kunde bisher immer sehr rabattbewußt verhalten hat, kommt man aber unter diesen Umständen dennoch nicht umhin anzunehmen, daß über die zusätzlichen 25.000,– DM Brutto-Umsatz hinaus mit großer Wahrscheinlichkeit noch weitere Bestellungen im Wert von mindestens 5.000,– DM eingehen werden. Denn Kunde III wird – wenn er seine Einkäufe schon so steigert – bemüht sein, die Rabattschwelle von 150.000,– DM zu erreichen bzw. zu übersteigen. So gesehen disponiert man bei Annahme des Zusatzauftrags über die Leistungsart e nicht nur über einen Brutto-Umsatz von 25.000,– DM, sondern über einen Brutto-Umsatz von voraussichtlich 30.000,– DM. Die zusätzlichen 5.000,– DM sind als ein akzessorischer Erlös anzusehen. Sie stehen zu dem Brutto-Erlös für Leistungsart e – zu den 25.000,– DM – in einem komplementären Verhältnis. Zwischen dem Zusatzauftrag über die Leistungsart e und den darüber hinaus aller Voraussicht nach zusätzlich eingehenden Bestellungen von 5.000,– DM bestehen Beziehungen wie zwischen Haupt- und Zusatzleistung[23]. Beide stellen ein absatzwirtschaftliches Leistungsbündel dar und sind im Rechnungswesen auch als ein solches zu behandeln. Dies bedeutet, daß auf den letzten Auftrag der Leistungsart e auch die Erlöse (und die Kosten) des mit ziemlicher Sicherheit erwarteten Zusatzauftrages von 5.000,– DM zu projizieren sind. Für den Gesamterlös des Leistungsbündels von 30.000,– DM sind Boni in Höhe von

$$\frac{150.000 \cdot 0{,}07 - 120.000 \cdot 0{,}05}{30.000} = 15{,}00\,\%$$

in Ansatz zu bringen. Auch dieses Ergebnis weicht von dem Resultat ab, das sich ergibt, wenn der Kunde lediglich künftige Bestellungen vorverlegt (es betrug – wie auf S. 73 ausgewiesen – 16,60 %).
Aus alledem wird deutlich, daß man bei durchgerechneten Bonus-Staffeln nicht nur wissen müßte, *ob* die Kunden rabattbewußt einkaufen, man sollte zusätzlich auch darüber informiert sein, *wie* dieses rabattbewußte Verhalten zum Ausdruck kommt. Denn man gelangt bei der Bonusverrechnung zu unterschiedlichen Resultaten, je nachdem, ob Kunden, die nicht unter eine bestimmte Rabattschwelle absinken bzw. eine Rabattschwelle überschreiten wollen, zur Erreichung dieses Zieles nur künftige Bestellungen vorverlegen oder über den ursprünglich geplanten Bedarf hinaus zusätzliche Bestellungen erteilen. Solche weitreichenden Informationen liegen aber meist nicht vor. Man muß daher bei der Bonus-Verrechnung mit plausibel erscheinenden Unterstellungen operieren.

4. Die Weiterverrechnung auftragsgrößenbezogener Mengenrabatte

Die vorausgehenden Ausführungen gelten zumindest analog weitgehend auch für die Weiterverrechnung *auftragsgrößenabhängiger* Mengenrabatte auf einzelne Leistungs-

23 Vgl. dazu auch *Männel, Wolfgang*: Zurechnung von Erlösen auf Haupt- und Zusatzleistungen, in: Der Betriebs-Berater, 27. Jg. (1972), Beilage zu Heft 31, S. 107–116.

arten, da solche Rabatte meist ebenfalls *nach dem Prinzip der Durchrechnung gestaffelt* sind.
In der Praxis geschieht es allerdings – wie die an anderer Stelle zitierte Auffassung *Zints*[24] erkennen läßt – dennoch durchaus nicht selten, daß solche Rabatte von den Bruttoerlösen der einzelnen Lieferungen abgespalten, periodenweise aufsummiert und dann in Höhe des durchschnittlichen Prozentsatzes aller Leistungen auf die verschiedenen Produktsorten aufgeschlüsselt werden. Man wählt diesen globalen, nicht weiter differenzierenden Weg einerseits aus Vereinfachungsgründen, andererseits aber auch deshalb, weil in der Praxis das Bemühen um eine möglichst detaillierte Gliederung nach Erlös- und Erlösschmälerungs*arten* häufig viel stärker ausgebildet ist als das für die entscheidungsorientierte Erlösrechnung wesentlich bedeutsamere Denken in „Erlösquellen". Daß eine solche globale umsatzwertproportionale Aufschlüsselung der Mengenrabatte auf die in „gemischten" Aufträgen enthaltenen verschiedenen Leistungsarten zu keinen für die Fundierung und Kontrolle von Entscheidungen geeigneten Ergebnissen führen kann, leuchtet aufgrund der vorausgehenden Ausführungen ebenso ein wie die Feststellung, daß auch eine nach einzelnen Aufträgen differenzierende umsatzwertproportionale Aufschlüsselung aus der Sicht der an das entscheidungsorientierte Rechnungswesen zu stellenden Anforderungen nicht akzeptabel ist.
Gleiches gilt für einen vollständigen Verzicht auf die Weiterverrechnung von Auftragsgrößenrabatten auf Leistungsarten. *Riebel* fordert in Analogie zur Behandlung der Boni: „Im Regelfalle ist der Auftrags-(größen-)rabatt als gemeinsame Erlösminderung aller Positionen, die dieser Auftrag umfaßt, anzusehen und daher dem Auftrag als Ganzes als Lastschrift zuzurechnen. In der laufenden Rechnung kann man diese Lastschrift auch bei den Kundenaufträgen „an sich" (d.h. ohne die konkreten Leistungsgüterarten), als eigenem Kalkulationsobjekt . . ., oder beim Kunden gesammelt ausweisen"[25].
Dieser Vorschlag ist nach meiner Auffassung ebenfalls nur für eine von den eigentlichen dispositiven Zwecken des internen Rechnungswesens noch weitgehend losgelöste, als Bereitschaftsrechnung aufgebaute Grundrechnung geeignet. Beim Aufbau einer nach Leistungsarten differenzierenden Erfolgsrechnung bzw. bei der Durchführung entsprechender Erfolgsanalysen muß man bemüht sein, auch die vom Angebot einer einzelnen Produktsorte (Erzeugnisart) ausgehenden Wirkung auf die Höhe der Auftragsgrößenrabatte zu erfassen, weil es sich dabei ebenfalls um variable (absatzabhängige) Erfolgselemente handelt.
Dabei sind einem Operieren mit der Ceteris-paribus-Klausel ähnliche Grenzen gesetzt wie bei den schon besprochenen durchgerechneten Bonus-Staffeln. Man kann sogar die Auffassung vertreten, daß diese Grenzen hier noch enger gesteckt sind. Denn ein Kunde kann die Nachteile eines Absinkens in niedrigere Rabattklassen (den bei „durchgerechneten" Staffeln im Falle des Unterschreitens einer Rabattschwelle auftretenden sprunghaften Abfall der Preisnachlässe) in den hier betrachteten Situation nicht nur durch eine Erhöhung der Nachfrage nach

24 Vgl. *Zint, W.*: Doppelte Buchführung, S. 44 f.
25 *Riebel, P.*: Ertragsbildung und Ertragsverbundenheit, S. 187, siehe auch S. 170 f.

anderen Leistungen kompensieren, sondern auch – und zwar ohne eine Steigerung der periodischen Gesamtnachfrage einfach *dadurch, daß er seinen Bestellrhythmus ändert*, etwa durch Zusammenlegung mehrerer Aufträge oder dadurch, daß er von jenen Bestellungen, deren Wert die höchste gerade erreichte Rabattschwelle um einiges übersteigt, einen Teil auf solche Bestellungen verlagert, deren Gesamtwert auf diese Weise gerade über die nächst höhere Rabattschwelle angehoben werden kann. Es ist daher nicht möglich, bei der Durchführung leistungsartenbezogener Erlös- bzw. Erfolgsanalysen einfach von der Prämisse auszugehen, daß das Streichen einer bestimmten Produktsorte lediglich eine entsprechende Verkleinerung der einzelnen Kundenbestellungen, sonst aber keinerlei Veränderungen der mengenmäßig-zeitlichen Auftragsstruktur zur Folge gehabt hätte.

Der Erläuterung dieser Zusammenhänge dient das Beispiel in Tab. 16. Es stellt – aus der Sicht eines Lieferbetriebes – auf einen bestimmten Kunden ab, der während einer Abrechnungsperiode nacheinander sechs verschiedene „gemischte" Aufträge erteilt und hierauf die in den Zeilen 4–6 angegebenen (1, 3 bzw. 5 % betragenden) Rabatte erhalten hat. Der Lieferbetrieb fragt sich im Rahmen einer vergangenheitsbezogenen Programmanalyse, welche Bruttoerlöse und Auftragsgrößenrabatte ohne das Angebot der Leistungsart x nicht angefallen wären.

Während dem in Tab. 16 betrachteten Kunden im *Durchschnitt des Gesamtumsatzes* der Abrechnungsperiode 3,6 % Rabatt gewährt wurden (siehe Zeile 8), entfallen auf die Leistungsart x bei einer *nach einzelnen Aufträgen differenzierenden umsatzwertproportionalen Aufschlüsselung* der Rabatte – wie aus Zeile 11 hervorgeht – 3,5 % (560,– DM), da diese Produktsorte zu einem nicht unwesentlichen Teil in kleineren Aufträgen (mit einem Gesamtwert von weniger als 15.000,– DM) enthalten war.

Berechnet man jene rabattbedingten Erlösschmälerungen, die bei Streichung von Leistungsart x *unter der Annahme einer sonst unveränderten Auftragsstruktur* – ceteris paribus – weggefallen wären (vgl. Teil (c) von Tab. 16), so ergibt sich ein Prozentsatz von 9,4 % (1.510,– DM), dessen Höhe auf das Absinken in niedrigere Rabattklassen bei den Aufträgen I und VI (von 1 % auf 0 %), und den Aufträgen II und V (von 3 % auf 1 %) sowie bei den Aufträgen III und IV (von 5 % auf 3 %) zurückzuführen ist. Nach diesem Prinzip – bzw. bei dieser Denkweise – ergäbe sich für die Leistungsart x ein Nettoerlös von 14.490,– DM (vgl. Zeile 19).

Teil (d) der Tab. 16 basiert auf der Annahme, daß sich der Kunde dann, wenn ihm die Leistungsart x nicht angeboten worden wäre, für eine *andere Auftragsstruktur* entschieden hätte, nämlich für eine solche, bei der er ebenfalls relativ hohe Rabattsätze erhalten hatte (siehe die Zeilen 20–23). Abstellend auf eine solche (hier frei gewählte) Reaktion des Kunden käme man im Beispielfall zu dem Ergebnis, daß bei Streichung von Produktsorte x vorausssichtlich Rabatte in Höhe von ca. 6,1 % (975,– DM), also Nettoerlöse von 15.025,– DM, entfallen wären (siehe die Zeilen 27–29). Dieser Rabattsatz liegt deutlich (um 3,3 %) unter dem Resultat des Rechnens mit der Ceteris-paribus-Klausel. Andererseits übersteigt er aber immer noch das formelle Rabatt-Maximum von 5 % und liegt um 2,6 % über jenem Satz, der sich bei einer nach einzelnen Aufträgen differenzierenden umsatzwertproportionalen Aufschlüsselung der Rabatte ergibt. Bei der Beurteilung eines möglichen Rückgangs des

Tab. 16: Verschiedene Möglichkeiten der Verrechung auftragswertbezogener Rabatte auf eine einzelne Leistungsart (bei „durchgerechneter“ Rabattstaffel)
Beträge in DM

	Bezugsobjekte →	einzelne Aufträge des betrachteten Kunden						Leistungsarten		
		I	II	III	IV	V	VI	x	sonstige	Σ

Ausgangsdaten: Bruttoerlöse, rabattbedingte Erlösschmälerungen und Nettoerlöse in der Abrechnungsperiode

		I	II	III	IV	V	VI	x	sonstige	Σ
	Bruttoerlöse:									
1	Leistungsart x	2.000	2.500	3.000	4.000	3.500	1.000	16.000		16.000
2	sonstige Leistungsarten	4.500	9.000	12.000	14.000	8.000	4.500		52.000	52.000
3	Gesamt-Bruttowert der Aufträge	6.500	11.500	15.000	18.000	11.500	5.500	X	X	68.000
	auf die einzelnen Aufträge gewährte Rabatte									
4	1 % (ab 5.000.- DM)	65					55	X	X	} 2.460
5	3 % (ab 10.000.- DM)		345			345		X	X	
6	5 % (ab 15.000.- DM)			750	900			X	X	

(a) Für Leistungsart x ausgewiesener Nettoerlös bei globaler umsatzwertproportionaler Aufschlüsselung der Rabatte

		x
7	in der Periode verrechnete Rabatte	579
8	Rabatte in % der Bruttoerlöse	ø 3,6 %
9	für Leistungsart x ausgewiesener Nettoerlös (Zeile 1 ./. Zeile 7)	15.421

(b) Für Leistungsart x ausgewiesener Nettoerlös bei nach einzelnen Aufträgen differenzierender umsatzwertproportionaler Aufschlüsselung der Rabatte

		I	II	III	IV	V	VI	x
10	in der Periode verrechnete Rabatte	20	75	150	200	105	10	560
11	Rabatte in % der Bruttoerlöse	1 %	3 %	5 %	5 %	3 %	1 %	ø 3,5 %
12	für Leistungsart x ausgewiesener Nettoerlös (Zeile 1 ./. Zeile 10)							15.440

(c) Ohne das Angebot von Leistungsart x nicht entstehender Nettoerlös im Falle einer sonst unveränderten Auftragsstruktur

		I	II	III	IV	V	VI	x	sonstige / Σ
13	Bruttoerlöse der sonstigen Leistungsarten (vgl. Zeile 2)	4.500	9.000	12.000	14.000	8.000	4.500		52.000
14	auf die einzelnen Aufträge zu gewährende Rabatte: 1 % (ab 5.000.- DM)		90			80		X	} 950
15	3 % (ab 10.000.- DM)			360	420			X	
16	5 % (ab 15.000.- DM)							X	
17	ohne Leistungsart x ceteris paribus in der Periode nicht entstehende Rabatte (Σ Zeilen 4-6 ./. Σ Zeilen 14-16)							1.510	
18	Rabatte in % der Bruttoerlöse							9,4 %	
19	Nettoerlös der Leistungsart x (Zeile 1 ./. Zeile 17)							14.490	

(d) Ohne das Angebot von Leistungsart x nicht entstehender Nettoerlös im Falle einer (beispielhaft angenommenen) veränderten Auftragsstruktur

		I	II	III	IV	V	VI	x	sonstige / Σ
20	angenommene (erwartete) Änderung der	← 500 —							
21	Auftragsstruktur des		← 1.500 —						
22	Kunden				← 1.000 —				
23	Bruttoerlöse der sonstigen Leistungsarten bei der veränderten Auftragsstruktur	5.000	10.000	10.500	15.000	7.000	4.500		52.000
24	auf die einzelnen Aufträge zu gewährende Rabatte: 1 % (ab 5.000.- DM)	50				70			} 1.485
25	3 % (ab 10.000.- DM)		300	315					
26	5 % (ab 15.000.- DM)				750				
27	ohne die Leistungsart x unter Berücksichtigung der angenommenen Kunden-Reaktionen nicht entstehende Rabatte (Σ Zeilen 4-6 ./. Σ Zeilen 24-26)							975	
28	Rabatte in % der Bruttoerlöse							6,1 %	
29	Nettoerlös von Leistungsart x (Zeile 1 ./. Zeile 27)							15.025	

Absatzvolumens ist also auch hier mit einer *Remanenz der rabattbedingten Erlösschmälerungen* zu rechnen. In einigen Fällen wird man durch eine Analyse der Auftragsstruktur sogar feststellen können, daß bestimmte Abnehmer prinzipiell nur Aufträge erteilen, deren Größe oberhalb einer bestimmten Rabattschwelle liegt, so daß ihnen *generell ein bestimmter Rabattsatz* garantiert ist. Nicht wenige Unternehmen legen ihrem Einkauf derartige Richtlinien auf. Unter solchen Umständen scheint eine Abrechnung aller Leistungsarten mit diesem Rabattsatz richtig. Die Ergebnisse decken sich dann zwar mit denen einer nach einzelnen Kundenaufträgen differenzierenden umsatzwertproportionalen Aufschlüsselung der Auftragsgrößenrabatte, doch ist dies faktisch aus den soeben angeführten Gründen nicht als Aufschlüsselung, sondern als Resultat sorgfältiger marginalanalytischer Zurechungs-Überlegungen zu werten.

Sofern man eine *Ausweitung* des Absatzvolumens zu beurteilen hat, darf man nicht übersehen, daß die Käufer jener zusätzlichen Absatzmengen infolge der unter diesen Umständen möglichen Vergrößerung ihrer Aufträge eventuell *auch für ihre sonstigen Bezüge höhere Rabatte* erhalten werden, daß es zu einer sprunghaften Zunahme ihrer Rabatte kommen kann. Vor allem wird vielfach mit einem *beschleunigten Anstieg der Auftragsgrößenrabatte* gerechnet werden müssen, weil jene Abnehmer, die im Falle einer solchen Ausweitung ihrer Bezüge bei einzelnen Aufträgen ceteris paribus nur „relativ nahe" an die nächst höhere Rabattschwelle heran (aber nicht über diese hinaus) kamen, mit einiger Wahrscheinlichkeit versuchen werden, durch eine für sie vorteilhafte Variation der Auftragsstruktur dennoch bei möglichst vielen Bestellungen (bzw. Lieferungen) in den Genuß eines höheren Rabattsatzes zu kommen.

Zur Erläuterung dieses Sachverhaltes haben wir das in Tab. 16 besprochene Beispiel etwas variiert: Es wird angenommen, der dort betrachtete Kunde habe für die nächste Abrechnungsperiode *eine Verdopplung der Bezüge von Leistungsart x* in Aussicht gestellt und darüber hinaus zu erkennen gegeben, daß er von den übrigen Produktsorten voraussichtlich wieder die gleichen Mengen in annähernd demselben Rhythmus beziehen werde (vgl. hierzu Tab. 17). Der hier untersuchte Lieferbetrieb überlegt im Rahmen seiner Programmplanungen, welchen zusätzlichen Nettoerlös ihm eine solche Steigerung des Absatzes der Leistungsart x bringen könnte. Würde er beim Bilden der diesbezüglichen Erwartungen einfach von einer sonst (gegenüber der Vorperiode) unveränderten Auftragsstruktur ausgehen, so käme er zu den in Tab. 17 in den Zeilen 7–9 ausgewiesenen Ergebnissen. Dabei bliebe aber völlig unberücksichtigt, daß jener Abnehmer unter den hier betrachteten Umständen beispielsweise mit einiger Wahrscheinlichkeit versuchen würde, wenigstens den Gesamtwert seiner ersten beiden Aufträge durch eine teilweise Vorverlegung zukünftiger Bezüge über die nächst höhere Rabattschwelle (10.000,– DM bzw. 15.000,– DM) „anzuheben". Geht man bei der Ermittlung des zusätzlichen Nettoerlöses von einer solchen (hier wiederum frei gewählten) Annahme aus, so ergibt sich für den gleichen Gesamtumsatz ein wesentlich anderes Bild. Es ist in Teil (b) von Tab. 17 wiedergegeben. Der unter diesen Bedingungen erwartete Rabattsatz von 8 % liegt deutlich (um 2,6 %) *über* dem Resultat des Rechnens mit der Ceteris-paribus-Klausel.

Die eben beispielhaft erläuterten Zusammenhänge sind nochmals in Abb. 6 darge-

Tab. 17: Ermittlung der bei einer Ausweitung des Absatzvolumens zusätzlich anfallenden Rabatte und Nettoerlöse

	Bezugsobjekte →		erwartete Aufträge des Kunden						Leistungsarten		
			I	II	III	IV	V	VI	x	sonstige	Σ

(a) Bei einer Verdopplung der Liefermenge von Leistungsart x zusätzlich anfallender Nettoerlös im Falle einer sonst (gegenüber der Vorperiode) unveränderten Auftragsstruktur

			I	II	III	IV	V	VI	x	sonstige	Σ
	Bruttoerlöse:										
1	Leistungsart x		4.000	5.000	6.000	8.000	7.000	2.000	32.000		32.000
2	sonstige Leistungsarten		4.500	9.000	12.000	14.000	8.000	4.500		52.000	52.000
3	Gesamt-Bruttowert der Aufträge		8.500	14.000	18.000	22.000	15.000	6.500			84.000
4	für die einzelnen	1 % (ab 5.000. - DM)	85					65			3.320
5	Aufträge zu ge-	3 % (ab 10.000. - DM)		420							
6	währende Rabatte	5 % (ab 15.000. - DM)			900	1.100	750				
7	bei einer Verdopplung der Liefermenge von Leistungsart x ceteris paribus in der Periode zusätzlich anfallende Rabatte								860	←	./. 2.460 (vgl. Tab.16, Zeilen 4–6)
8	zusätzlich anfallende Rabatte in % der zusätzlich anfallenden Bruttoerlöse								5,4 %		
9	ceteris paribus zusätzlich anfallender Nettoerlös (16.000. - DM ./. Zeile 7)								15.140		

(b) Bei einer Verdopplung der Liefermenge von Leistungsart x zusätzlich anfallender Nettoerlös im Falle einer (beispielhaft angenommenen) veränderten Auftragsstruktur

			I	II	III	IV	V	VI	x	sonstige	Σ
10	angenommene (erwartete) Änderung der		← 1.500 —								
11	Auftragsstruktur des Kunden			← 2.500 —							
12	erwarteter Auftragseingang		10.000	15.000	15.500	22.000	15.000	6.500			84.000
13	für die einzelnen	1 % (ab 5.000. - DM)						65			3.740
14	Aufträge zu ge-	3 % (ab 10.000. - DM)	300								
15	währende Rabatte	5 % (ab 15.000. - DM)		750	775	1.100	750				
16	bei Verdopplung der Liefermenge von Leistungsart x unter Berücksichtigung der angenommenen Veränderung der Auftragsstruktur in der Periode zusätzlich anfallende Rabatte								1.280	←	./. 2.460 (vgl. Tab.16, Zeilen 4–6)
17	zusätzlich anfallende Rabatte in % der zusätzlich anfallenden Bruttoerlöse								8 %		
18	zusätzlich anfallender Nettoerlös (16.000. - DM ./. Zeile 16)								14.720		

Abb. 6: Graphischer Vergleich der Ergebnisse verschiedener Methoden der Rabattverrechnung

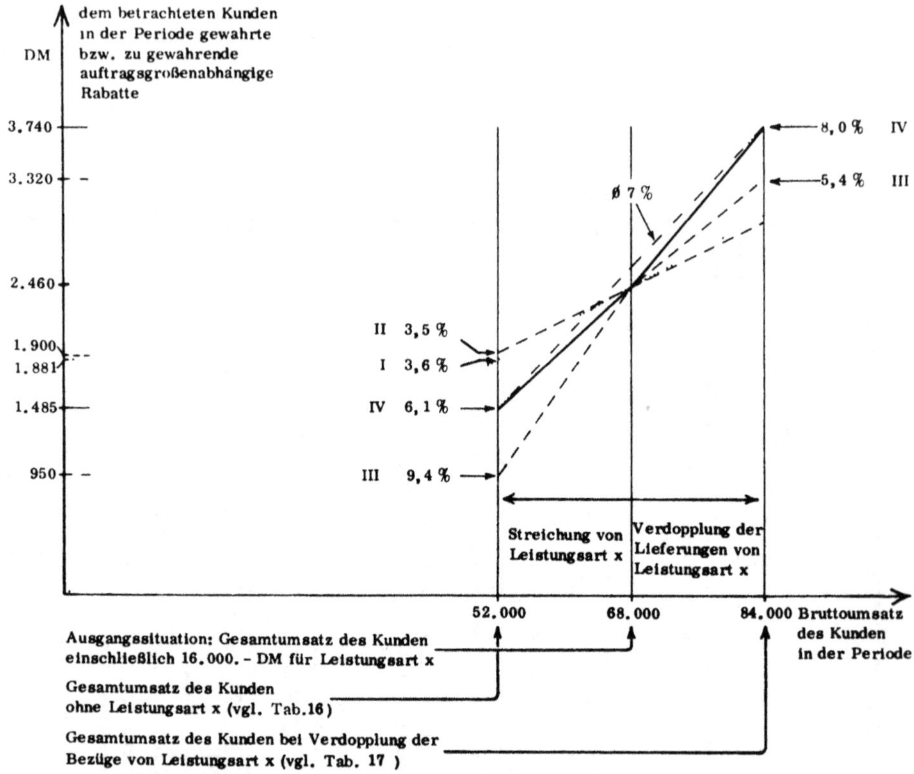

I (·······) = globale umsatzwertproportionale Aufschlüsselung der auftragswertbezogenen Rabatte

II (- - - -) = nach einzelnen Aufträgen differenzierende umsatzwertproportionale Aufschlüsselung

III (–· –) = Grenz- bzw. Differenzbetrachtung unter der Annahme einer sonst unveränderten Auftragsstruktur des Kunden

IV (——) = Grenz- bzw. Differenzbetrachtung unter Berücksichtigung einer möglichen Änderung der Auftragsstruktur des Kunden

stellt. Sie läßt einmal erkennen, daß man die im Falle einer Ausweitung des Absatzvolumens zusätzlich anfallenden Erlösschmälerungen bei einer einfachen (linearen) Extrapolation der bisher durchschnittlich realisierten Rabatte in Situationen der hier angesprochenen Art grundsätzlich zu niedrig kalkulieren würde. Darüber hinaus zeigt sie, daß die Veränderung der rabattbedingten Erlösschmälerungen beim Rechnen mit der Ceteris-paribus-Klausel unter den hier betrachteten Annahmen *im Falle einer Ausweitung des Absatzvolumens unterschätzt und im Falle einer Reduzierung der Umsätze überschätzt* werden – wegen der vollständigen Vernachlässigung der vorstehend angesprochenen möglichen Kunden-Reaktionen.
Wer die eben vorgetragenen Erkenntnisse bei der praktischen Verrechnung der Auf-

tragsgrößen-Rabatte berücksichtigen will, stößt in mehrfacher Hinsicht auf Schwierigkeiten, besonders deshalb, weil in Wirklichkeit nie genau bekannt ist, inwieweit tatsächlich mit Kunden-Reaktionen der erläuterten Art gerechnet werden muß. Gewisse Anhaltspunkte hierfür lassen sich jedoch über eine *Analyse der Voraussetzungen und Bedingungen solcher Reaktionen* gewinnen. Diesbezüglich wäre vor allem darauf hinzuweisen, daß ein derartiges Verhalten der Kunden um so wahrscheinlicher ist,

- je länger, leichter und kostengünstiger die Abnehmer die an sie gelieferten Leistungsarten lagern können und je leichter sie Auftragsbestände bilden können,
- je leichter die Kunden ihren Bedarf zeitlich manipulieren können,
- je langfristiger sie diesen Bedarf – wenn auch in groben Umrissen – vorausplanen können,
- je stärker den Kunden die Vorteile der Erzielung möglichst hoher Rabatte bewußt sind,
- je stärker die Rabatte gestaffelt sind (je progressiver die Grundtendenz der Rabattfunktion ist),
- je mehr das betreffende Unternehmen solche Abnehmer beliefert, die als Dauerkunden laufend Aufträge erteilen, so daß die einzelnen Bestellungen bzw. Lieferungen zeitlich nicht weit auseinanderliegen.

In der Praxis kann man die jeweilige Relevanz von Kundenreaktionen der hier angesprochenen Art bis zu einem gewissen Grade auch aus der *Auftragsgrößen-Statistik* erkennen. Je deutlicher aus einer solchen empirischen Statistik zu erkennen ist, daß die Auftragsgrößen innerhalb einer Rabattklasse linkssteil verteilt sind, um so sicherer kann man sein, daß die Kunden bei ihren Einkäufen den Grundsatz verfolgen, möglichst keine Aufträge zu erteilen, deren Gesamtwert nur wenig unterhalb einer Rabattschwelle liegt.

Aber selbst wenn solche Informationen vorliegen, lassen sich daraus nicht ohne weiteres eindeutige Grundsätze für die Verrechnung der Rabatte ableiten. Schwierigkeiten bereitet vor allem die Tatsache, daß die Belastung einer Leistungsart mit rabattbedingten Erlösschmälerungen aus den erläuterten Gründen streng genommen nicht nur von der *Größe der jeweiligen Aufträge* (in denen sie enthalten ist), sondern auch von der *Größe ihres Anteils an diesen Aufträgen* abhängig gemacht werden muß. Denn die Wahrscheinlichkeit des Eintritts der vorstehend analysierten Wirkungen wird – wie gezeigt wurde – auch von diesem Faktor mitbestimmt.

Die Ausführungen dieses Abschnitts gelten prinzipiell auch für die verschiedenen Formen der indirekten Gewährung auftragsgrößenbezogener Rabatte, so z.B. auch für jene Betriebe, die ihren Kunden beim Unterschreiten bestimmter Auftragsgrößen mengen- bzw. umsatzwertproportionale Mindermengenzuschläge berechnen[26], oder für die Unternehmungen, die ab einer bestimmte Auftragsgröße auf die bis dahin gesonderte (meist umsatzwertproportionale) Berechnung der Verpackungs- und/oder Frachtkosten verzichten[27]. Auch bei diesen Formen der Preis-

26 Hierauf wurde bereits einleitend auf Seite 12 speziell in Fußnote 4 hingewiesen.
27 Vgl. dazu *Schmidt, Werner*: Absatzwirtschaftliche Probleme der Verpackung von Flüssigkeiten und Gasen, S. 108.

stellung kommt es beim Überschreiten der „Rabattschwelle" zu einem sprunghaften Abfall der Gesamterlöse, weil die Mindermengen- bzw. Verpackungs- oder Frachtkostenzuschläge von dieser Auftragsgröße an für die gesamten Umsätze entfallen. Wo solche Bedingungen vorliegen, kann es sich als notwendig erweisen, im Rahmen leistungsartenbezogener Erfolgsrechnungen und -analysen bestimmten isoliert für sich betrachteten Leistungsarten „verdrängte Mindermengenzuschläge"[28] als Erlösschmälerungen zuzurechnen, obwohl für den (oder die) betreffenden Auftrag (Aufträge) überhaupt keine Zusatzerlöse dieser Art angefallen sind.
Auch dies soll ein Beispiel verdeutlichen: Ein Unternehmen, das seinen Kunden für Kleinaufträge, deren Gesamtwert unter DM 10.000 liegt, 5 % Mindermengenzuschlag berechnet, hat den „gemischten" Bestellauftrag eines Abnehmers wie folgt ausgeliefert:

Bruttoerlös für Leistungsart u	1.000,– DM
Bruttoerlös für Leistungsart v	5.000,– DM
Bruttoerlös für Leistungsart w	6.000,– DM
Gesamtwert des Auftrags	12.000,– DM
Mindermengenzuschlag	–,– DM

Wäre Leistungsart w nicht geliefert worden und hätte der Kunde darauf aller Voraussicht nach nicht mit zusätzlichen anderen Bestellungen reagiert, so hätte sich folgende Leistungsabrechnung ergeben

Bruttoerlös für Leistungsart u	1.000,– DM
Bruttoerlös für Leistungsart v	5.000,– DM
Gesamtwert des Auftrags	6.000,– DM
+ Mindermengenzuschlag (5 %)	300,– DM
insgesamt	6.300,– DM

So gesehen kann man argumentieren, daß durch die zusätzliche Belieferung mit der Leistungsart w 300,– DM an Mindermengenzuschlägen „verdrängt" worden sind und daß dieser (gar nicht angefallene) Betrag der Leistungsart w bei isolierter Betrachtung als Erlösschmälerung zuzurechnen ist. Ganz analog müßte man der Leistungsart v im Rahmen isolierender Grenzbetrachtungen 350,– DM an „verdrängten" Mindermengenzuschlägen zurechnen. Allerdings erscheint es fragwürdig, ob hier tatsächlich noch von echten Erlösschmälerungen zu sprechen ist. Man kann diese verdrängten Erlöse wohl allenfalls als „Opportunitäts-Erlösschmälerungen" bezeichnen.

28 Für berechnete Verpackungs- und Frachtkosten gelten die folgenden Ausführungen analog.

VII. Die Weiterverrechnung von Mengenrabatten auf einzelne Leistungseinheiten

1. Bedeutung des Problems

Die Zurechnung von Mengenrabatten auf Leistungseinheiten (z.B. auf das einzelne Stück) steht im Dienste der *Ermittlung von Nettoerlösen für einzelne Leistungseinheiten* (Netto-Stückerlöse), die ihrerseits wiederum eine Voraussetzung für das *Rechnen mit Stückerfolgen* ist.

Diesem Konzept des Rechnens mit stückbezogenen Erfolgsgrößen kommt vor allem innerhalb der traditionellen Kosten-, Leistungs- und Erfolgsrechnungs-Methoden eine große praktische Bedeutung zu. Für die herkömmliche „Nettoergebnisrechnung" ist der Stückgewinn (Gewinn je Leistungseinheit) die primäre Zielgröße[1] des internen Rechnungswesens. Man hält jene Produktsorten für besonders förderungswürdig, die den höchsten Stückgewinn erbringen und verzichtet zunächst auf jene, für die die höchsten Stückverluste ausgewiesen werden. Abgesehen davon bildet der Stückgewinn in den traditionellen Systemen des Rechnungswesens auch den Ausgangspunkt für die Prognose der erlös- und kostenmäßigen Konsequenzen möglicher Nachfrageänderungen[2]. Zugleich ist er die rechnerische Grundlage für die Vorherbestimmung der Erfolgswirkungen eigener Dispositionen – wie etwa beim Aufstellen der Programmplanungen und bei ähnlichen Alternativkalkülen, wenn im Rahmen der Planungsrechnungen die jeweiligen Gesamterlöse und Gesamtkosten alternativer Absatzmengen (bzw. die bei einer bestimmten Vergrößerung oder Verminderung der Produktions- und Absatzmengen zu erwartenden Veränderungen der Erlöse und Kosten) zu bestimmen sind.

Die Erkenntnis, daß insbesondere die fixen Kosten weder kausal noch final auf einzelne Leistungseinheiten zugerechnet werden können[3], hat zur Entwicklung verschiedener Teilkostenrechnungsmethoden geführt. Innerhalb dieser Systeme ist an die Stelle des *Netto-Stückerfolgs* der *Deckungsbeitrag je Leistungseinheit* als

1 Vgl. hierzu auch *Laßmann, Gert*: Die Kosten- und Erlösrechnung als Instrument der Planung und Kontrolle in Industriebetrieben, S. 39. Zielgrößen sind in der Terminologie Laßmanns solche Größen, die als Ergebnisse aus der rechnerischen Verbindung unterschiedlicher Ausgangsgrößen entstehen und zur Lösung unternehmerischer Aufgaben, im speziellen zur Erfüllung der Aufgaben der Kosten- und Erlösrechnung, benötigt werden (vgl. S. 13 und 38 der vorstehend zitierten Schrift).

2 Siehe hierzu etwa *Henzel, Fritz*: Vollkostenrechnung mit gesonderten Fixkostenbeiträgen, in: ZfB, 37. Jg. (1967), Nr. 8, S. 485–502, hier S. 498–500.

3 Vgl. hierzu neben den zahlreichen Veröffentlichungen zum Direct Costing und zur Deckungsbeitragsrechnung, die hier im einzelnen nicht angeführt werden sollen, vor allem die Arbeit von *Ehrt, Robert*: Die Zurechenbarkeit von Kosten auf Leistungen auf Grundlage kausaler und finaler Beziehungen, Stuttgart – Berlin – Köln – Mainz 1967, S. 23 ff. und S. 43 ff.

Brutto-Stückerfolg getreten. Auch für seine Ermittlung ist eine Zurechnung von Erlösen und Erlösschmälerungen auf die einzelne Leistungseinheit notwendig. Er dient ebenfalls der Erfolgsprognose, ist in der Regel Ausgangspunkt der retrograden Erfolgsrechnung und geht als Zielkoeffizient in die Ansätze linearer Planungsmodelle für die Absatz- und Programmplanung ein.
Bei einer näheren Betrachtung der eben nur in ihren Grundzügen erläuterten Konzeptionen entsteht zunächst der Eindruck, als verfolge man mit der Bestimmung von Stückerfolgen nicht das Ziel, den Gesamterlös und die Gesamtkosten einer Leistungsart in separate, auf die einzelnen Leistungseinheiten entfallende, addierbare Beträge aufzuteilen. Denn mit der Kennzahl „Nettoerfolg je Leistungseinheit" will man primär keine Aussagen über die Ertragskraft einer *ganz bestimmten* Leistungseinheit machen, sondern nur Aussagen über die (relative) Ertragskraft der betreffenden Leistungsart als Ganzes. Letztlich läuft die übliche Art der Interpretation und Verwendung dieser Rechengröße aber dennoch auf den vorstehend genannten Effekt hinaus. Denn wenn man im Rahmen vergangenheitsbezogener Erfolgsanalysen den Stückerlös und Stückerfolg als Beurteilungskriterien heranzieht oder wenn man beim Aufstellen zukunftsbezogener Prognose- und Planungskalküle mit diesen Größen rechnet, geht man im Grunde doch stets davon aus, daß *jede* Leistungseinheit der betreffenden Leistungsart Erlöse bzw. Erfolge in jener Höhe erbringt. Man unterstellt also zumindest implizit, daß die Nettoerlöse – und die auf die Leistungseinheiten verrechneten Kosten – *in einem proportionalen Verhältnis zur Absatzmenge* stehen.
Während die Grenzen des Rechnens mit mengenproportionalen Kosten von der modernen Kostentheorie und der Theorie der Kostenrechnung in letzter Zeit immer schärfer herausgearbeitet wurden, wird die Beantwortung der Frage „Welchen Erlös bringt eine Leistungseinheit? " auch von den modernen Systemen der Bruttoerfolgsrechnung nicht als schwierig angesehen. Man ist zwar der Meinung, daß die Frage „Was kostet die Leistungseinheit? " grundsätzlich nicht beantwortet werden kann, zieht aber andererseits die Zurechenbarkeit von Erlösen auf einzelne Leistungseinheiten kaum in Zweifel. Auch in dieser Hinsicht ist lediglich *Riebel* als Ausnahme zu nennen[4]. Die von anderen Autoren befürworteten Formen der Bruttoerfolgsrechnung basieren, wie die traditionelle Nettoergebnisrechnung, allesamt auf der Annahme, daß für jede Leistungseinheit einer Leistungsart der gleiche Erlös entsteht. Sie unterstellen also einen *mengenproportionalen Erlösverlauf*. Ebenso stützt sich die betriebswirtschaftliche Theorie der Produktionsplanung – zumindest dann, wenn sie von festliegenden Preisforderungen ausgeht – nahezu regelmäßig auf diese Prämisse[5], wie man aus der üblichen Formulierung der Modelle für die kurzfristige Programmplanung sowie aus den gebräuchlichen Break-even-Analysen und der Gestaltung anderer Entscheidungsrechnungen ersehen kann[6].

4 Vgl. die in Fußnote 2 auf Seite 40 zitierten Schriften dieses Autors.
5 Vgl. diese Feststellung auch bei *Schneider, Dieter*: Produktionstheorie als Theorie der Produktionsplanung, in: Liiketaloudellinen Aikakauskirja (Journal of Business Economics), 13. Jg. (1964), H. 3, S. 199–229, vor allem S. 206. – *Schäfer, Erich*: Die Unternehmung – Einführung in die Betriebswirtschaftslehre, 4. Aufl., Köln und Opladen 1961, S. 277.
6 Siehe hierzu auch *Laßmann, G.*: Die Kosten- und Erlösrechnung, S. 118: „Hier (in der Ermittlung des Nettoerlöses je Produkteinheit bzw. im Rechnen mit mengenproportionalen

Entstehen auch nicht-mengenproportionale Erlöse, so wird die Anwendbarkeit dieser Entscheidungsmodelle eingeschränkt[7], unter Umständen sogar völlig aufgehoben, und das für die Systeme der Bruttoerfolgsrechnung typische Rechnen mit konstanten, mengenunabhängigen Stückbeiträgen wird auf ähnliche Weise in Frage gestellt, wie die Brauchbarkeit der Rechengrößen „Stückkosten" und „Netto-Stückgewinne" beim Anfall nicht-mengenproportionaler Kosten. Die Annahme eines mengenproportionalen Erlösverlaufs resultiert zumindest zu einem großen Teil daraus, daß man bei der Lösung von Aufgaben der eben angedeuteten Art eine relativ einfache Preistechnik unterstellt, daß man Sonderformen der Preisstellung in der Regel nicht näher auf die vorstehend angesprochenen Konsequenzen untersucht. Das gilt auch für die hier allein interessierende Gewährung von Mengenrabatten. In der Regel werden diese Erlösschmälerungen bei der Ermittlung der Netto-Stückerlöse nach den an anderer Stelle (S. 42 ff. und S. 81) genannten traditionellen Prinzipien nicht nur auf einzelne Leistungsarten, sondern darüber hinaus noch weitergehend auch auf einzelne Leistungseinheiten aufgeschlüsselt.
An diesen Fakten knüpfen die folgenden Ausführungen an. Mit ihnen wird vor allem versucht zu klären, inwieweit das Einräumen von Boni und Auftragsgrößenrabatten die Möglichkeit des Rechnens mit mengenproportionalen Nettoerlösen einschränkt. Vorab soll jedoch kurz auf die nach dem Gesamtumsatz der Vorperiode gestaffelten periodenbezogenen Mengenrabatte eingegangen werden.

2. Grenzen des Rechnens mit einer monovariablen Nettoerlös-Funktion

Ein Vorgehen, wie es eben angedeutet wurde, ist in der Praxis meist auch in jenen Fällen üblich, in denen den Kunden periodenbezogene Mengen- bzw. Gesamtumsatzrabatte eingeräumt werden, deren Höhe *vom Gesamtumsatz der vorausgehenden Periode abhängig* ist. Doch ist es selbst in solchen Fällen problematisch. Bei dieser Art der Rabattgewährung ist der Rabattsatz für jede DM Umsatz, die in einer Periode mit einem Kunden getätigt wird, gleich hoch. Innerhalb der laufenden Periode ist der Mengenrabatt, den ein Kunde infolge seiner Vorperioden-Umsätze erhält, also nicht gestaffelt. Insofern liegen prinzipiell die gleichen Bedingungen vor wie bei einer personellen oder regionalen Preisdifferenzierung. Dadurch, daß den Abnehmern unter Bezugnahme auf ihre Umsätze der Vorperiode im gegenwärtigen Abrechnungszeitraum unterschiedlich hohe Mengenrabatte eingeräumt werden,

Erlösen, W.M.) wird eine Problematik deutlich, die bisher in betriebswirtschaftlichen Untersuchungen vernachlässigt worden ist. In der Operations Research Literatur wird bei der Darstellung von Optimierungsmodellen im allgemeinen einfach unterstellt, daß Verkaufspreise je abgesetzter Produkteinheit – sei es als fester Wert oder in Abhängigkeit von der verkauften Menge – problemlos ermittelt und die Periodenerlöse ohne praktische Schwierigkeiten aus ihrer Multiplikation mit den abgesetzten bzw. abzusetzenden Erzeugnismengen errechnet werden können".

7 Siehe hierzu auch *Mawick, Peter*: Die Konstanten in der Zielfunktion linearer Produktionsprogramme, Band 5 der Schriftenreihe des Instituts für Automation und Unternehmensforschung der Universität Freiburg / Schweiz, hrsg. v. Ernst P. Billeter, Hamburg – Berlin 1965, S. 19–25.

wird der Gesamtmarkt faktisch in verschiedene Teilmärkte mit unterschiedlichen Rabattbedingungen (unterschiedlich hohen Erlösschmälerungen und unterschiedlich hohen Nettoerlösen) aufgespalten.
Dennoch wird die Ertragskraft von Leistungsarten, die auf solch unterschiedlichen Teilmärkten zu verschieden hohen Nettoerlösen verkauft werden, im praktischen Rechnungswesen meist nach dem *durchschnittlichen* Nettoerlös je Leistungseinheit beurteilt, also an jener Kennzahl, die sich ergibt, wenn man den für die betreffende Produktsorte während der betrachteten Planungs- oder Abrechnungsperiode insgesamt erzielten Nettoerlös (Bruttoerlös ./. gewährte Mengenrabatte) durch die Gesamtzahl der in diesem Zeitraum abgesetzten Leistungseinheiten dividiert. Gewöhnlich wird ein solches gewogenes arithmetisches Mittel nicht nur im Rahmen vergangenheitsbezogener innerbetrieblicher Ergebnisrechnungen zum Zwecke der Programmanalyse den (vollen bzw. direkt erfaßbaren) Stückkosten gegenübergestellt, sondern auch zukunftsbezogenen Prognose- und Planungsrechnungen zugrundegelegt.
Bei gründlicher Betrachtung erweist sich ein derartiges Vorgehen jedoch als mit Fehlern behaftet. Soll die betriebliche Erlösrechnung ein geeignetes Fundament für unternehmerische Dispositionen und Kontrollen sein, muß man aus ihr entnehmen können, welche Nettoerlöse (also auch welche Erlösschmälerungen) bei einer Einschränkung des Absatzvolumens entfallen und welche Nettoerlöse bei einer Absatzsteigerung zusätzlich entstanden wären (bzw. entstehen würden). Bei Anwendung des eben erwähnten Rechnens mit Durchschnittssätzen könnte diesem Erfordernis nur dann Rechnung getragen werden, wenn grundsätzlich sichergestellt wäre, daß jede Vergrößerung bzw. Verringerung der Ausbringung der betreffenden Produktart sämtliche Teilmärkte (also sämtliche Kunden, die unterschiedlich hohe Rabatte erhalten) in relativ gleichem Ausmaß betrifft, so daß das Aufteilungsverhältnis des Absatzes auf die einzelnen Teilmärkte immer das gleiche bliebe. Nur bei Gültigkeit dieser Prämisse kann die auf dem Wege der Durchschnittsbildung gewonnene Rechengröße „Nettoerlös je Leistungseinheit" die bei einer entsprechenden Ausweitung (Reduzierung) des Absatzes zusätzlich anfallenden (wegfallenden) Nettoerlöse widerspiegeln. Diese Bedingung ist jedoch praktisch niemals erfüllt.
Will man den Erlösanfall im Rechnungswesen wirklichkeitsgerecht festhalten, muß man auf die mit der eben kritisierten Durchschnittsbildung verbundene Vermischung heterogener Nettoerlös-Elemente verzichten und statt dessen die betreffende Erzeugnisart in so viele absatzwirtschaftliche Varianten untergliedern wie es unterschiedliche Nettoerlöse bzw. Erlösschmälerungen gibt[8]. Jede dieser Erzeugnisvarianten ist im Rechnungswesen wie eine eigenständige Produktart zu behandeln. Dies

8 Für andere Formen der Preisdifferenzierung fordern dies unter anderem *Laßmann, G.*: Die Kosten- und Erlösrechnung, S. 117. – *Hudelmaier, G.*: Verbandseigene Buchführungs- und Kostenrechnungsrichtlinien – Ein kritischer Vergleich mit den Einheitsrichtlinien des BDI und den Einheitsregelungen von 1937/1939, II. Teil: Kostenrechnungsrichtlinien, Wiesbaden 1967, S. 86. – *Schwarz, Horst*: Kostenträgerrechnung und Unternehmungsführung, Herne / Berlin 1969, S. 85. – *Mathieu, Joseph – Zimmermann, Werner*: Bestimmung des optimalen Produktionsprogrammes in Industriebetrieben (Rationalisierung der Programmplanung), Forschungsberichte des Landes Nordrhein-Westfalen, hrsg. v. Leo Brandt, Köln und Opladen 1962.

bedeutet, daß der Gesamt-Nettoerlös einer auf unterschiedlichen Teilmärkten (zu verschiedenen Mengenrabattbedingungen) abgesetzten Erzeugnisart nur als Summe der Nettoerlöse dieser verschiedenen absatzwirtschaftlichen Varianten bestimmt werden kann. Er ist nicht als unmittelbare Funktion der Absatzmenge darstellbar, denn welche Nettoerlöse entstehen, hängt nicht nur von der insgesamt verkauften Menge ab, sondern auch davon, wie sich diese auf die einzelnen Teilmärkte verteilt, zu welchen Mengenrabatt-Bedingungen die betreffende Leistungsart ausgeliefert wurde. Bei gleicher Gesamt-Absatzmenge pro Periode können für die betreffende Leistungsart als Ganzes – je nach dem relativen Anteil der verschiedenen Teilmärkte am Gesamtumsatz – völlig unterschiedliche Nettoerlöse entstehen. Ohne nähere Spezifizierung ist es deshalb auch bei festliegenden Bruttoerlösen nicht möglich, einem bestimmten Gesamt-Absatzvolumen einen eindeutig fixierten Nettoerlös zuzuordnen. Die Höhe des Nettoerlöses einer Leistungsart ergibt sich vielmehr grundsätzlich als Funktion mehrerer unabhängiger Variabler. *Die Nettoerlösfunktion ist also nicht monovariabel, sondern multivariabel.*

Aus diesen Gründen kann allenfalls der für eine einzelne rabattpolitische Variante erzielte Nettoerlös, also der Nettoerlös, der von Kunden zugeflossen ist, die allesamt denselben Rabattsatz erhalten, auf die Leistungseinheiten dieser Erzeugnisvariante zugerechnet werden. Lediglich innerhalb solcher Erzeugnisuntergruppen kann man mit mengenproportionalen Nettoerlösen rechnen.

Man darf jedoch nicht verkennen, daß die Verwirklichung der Forderung, innerhalb des internen Rechnungswesens so viele Erzeugnisvarianten zu führen, wie es unterschiedliche Teilmärkte gibt, gegenüber dem Rechnen mit durchschnittlichen Nettoerlösen je Leistungseinheit zu einer Komplizierung des Rechenapparates führt: In Planungsmodellen erhöht sich die Zahl der Variablen und Restriktionen, und in der laufenden Erlös- und Ergebnisrechnung ist eine entsprechend größere Anzahl von Produktkonten zu führen. Dieses Mehr an Rechen- und Arbeitsaufwand, das vor allem bei jenen Betrieben ins Gewicht fällt, die viele verschiedene Produkte verkaufen und dabei das absatzpolitische Instrument der Gewährung von Mengenrabatten in großem Umfang einsetzen, läßt sich mit den heute zur Verfügung stehenden elektronischen Datenverarbeitungsanlagen zwar prinzipiell ohne Schwierigkeiten bewältigen, doch kann man nicht behaupten, daß der Einsatz solcher oder anderer Mittel zur Präzisierung des Ausweises der Erlösschmälerungen und Nettoerlöse in allen Fällen wirklich rentabel sein wird. Die mit jeder Erhöhung der Wirklichkeitsnähe der Erlösrechnung einhergehende Zunahme des Rechen- und sonstigen Arbeitsaufwandes zwingt fast immer zu Kompromissen, also zur Zusammenfassung mehrerer verschiedener rabattpolitischer Varianten einer Produktsorte, die sich hinsichtlich der Höhe der je Leistungseinheit anfallenden, rabattbedingten Erlösschmälerungen nur sehr wenig voneinander unterscheiden.

Dabei dürfen aber die eingangs begründeten Mängel der damit verbundenen Durchschnittsbildung nicht unterschätzt werden. Die aus diesen Mängeln resultierenden Ungenauigkeiten sind um so größer, je stärker die Verkaufsbedingungen (die Mengenrabatte) für jene trotz ihrer Verschiedenheit als Einheit behandelten Teilmärkte auseinanderfallen. Doch darf man sich bei der Beurteilung dieser Ungenauigkeiten grundsätzlich nicht nur am Ausmaß der Streuung des je Leistungseinheit erzielten bzw. erzielbaren Nettoerlöses bzw. an der Streuung der Höhe der rabattbedingten Erlösschmälerungen orientieren. Ausschlaggebend für das Urteil muß letztlich vielmehr sein, wie sich diese Streuung auf die für die Entscheidungsbildung bzw. Entscheidungskontrolle maßgeblichen Zielgrößen des Rechnungswesens auswirkt. In diesem Sinne ist von großer Bedeutung, daß eine bestimmte Streuung des Nettoerlöses bei gegebenen, von der Verwendungsrichtung unabhängigen Erzeugniseinzelkosten grundsätzlich eine relativ größere Streuung des absoluten, je Leistungseinheit erzielten bzw. erzielbaren Deckungsbeitrags und im gleichen Maße auch eine relativ größere Streuung der engpaßbezogenen Deckungsbeiträge jener Produktsorte zur Folge hat. Dieser Effekt ist um so stärker ausgeprägt, je niedriger der von dem betreffenden Erzeugnis erwirtschaftete „Deckungsbeitrag in Prozent des Erlöses" ist. Bei Leistungen, die im Verhältnis zu ihrem Erlös nur einen sehr kleinen Deckungsbeitrag erbringen (wie z.B. besonders stoffintensive Erzeugnisse), kann schon eine geringfügige Streuung des Nettoerlöses eine relativ große Streuung des Deckungsbeitrags zur Folge haben, die möglicherweise sogar in den Bereich negativer Werte hineinreicht – derart, daß die betreffende Produktart im Durchschnitt zwar einen positiven Deckungsbeitrag erbringt, daß aber bei Belieferung der schlechtesten Teilmärkte (bei Belieferung jener Kunden, die die höchsten Rabatte erhalten) mehr Kosten als Nettoerlöse anfallen. Beim Rechnen mit durchschnittlichen Nettoerlösen je Leistungseinheit werden diese Unterschiede nivelliert. Aus diesen Gründen sollten jene Betriebe, die sich nicht dazu entschließen können, im Rechnungswesen von vornherein alle rabattpolitischen Varianten ihrer verschiedenen Erzeugnisse jeweils völlig getrennt wie eigenständige Produktarten zu behandeln, wenigstens die bei der gegebenen Mengenrabatt-Politik mögliche bzw. effektive Streuung der Deckungsbeiträge ausweisen.

Diese Information ist für viele Zwecke des Rechnungswesens von großer Bedeutung. So kommt es beispielsweise dann, wenn im Rahmen vergangenheitsbezogener Programmanalysen beurteilt werden soll, welche Erfolge bei einem geringfügigen Produktions- und Absatzvolumen nicht entstanden wären, viel mehr auf die Kenntnis des Erlöses (bzw. Deckungsbeitrags) der *schlechtesten* absatzwirtschaftlichen Varianten der betreffenden Erzeugnisart an als auf die Kenntnis des durchschnittlichen Erlöses bzw. Deckungsbeitrags, eben weil man im Falle einer Reduzierung der Produktions- und Absatzmengen normalerweise zunächst die Belieferung der unergiebigen Teilmärkte einschränken wird. Wer bei programmanalytischen Überlegungen der eben angedeuteten Art dennoch vom durchschnittlichen Nettoerlös der einzelnen Produktarten ausgeht und dann bei der Beurteilung der Erzeugnisse allein auf deren durchschnittlichen Deckungsbeitrag abstellt, läßt diese Selektionsmöglichkeit völlig außer acht. Dies kann sogar zur Folge haben, daß die falschen Erzeugnisarten aus dem Programm gestrichen werden. Die Gefahr des Treffens derartiger Fehlentscheidungen ist besonders groß, wenn die wegen der indirekten mengenmäßigen Preisdifferenzierung möglichen Abweichungen vom durchschnittlichen Deckungsbeitrag bei den einzelnen Erzeugnisarten sehr unterschiedlich sind. Denn unter solchen Umständen ist es durchaus möglich, daß von einem Produkt, welches beim Rechnen mit durchschnittlichen Erlösen besser als andere Erzeugnisse zu beurteilen ist, sehr ungünstige absatzwirtschaftliche Varianten existieren, die rangmäßig hinter

den schlechtesten preispolitischen Varianten anderer – im Durchschnitt lukrativer erscheinender – Produkte einzustufen sind.
Am Rande sei erwähnt, daß beim Rechnen mit durchschnittlichen Nettoerlösen auch falsche Vorstellungen über den Break-even-Punkt einer Produktsorte erweckt werden.
Die eben angedeuteten Gefahren müssen auch bei der Aufstellung zukunftsbezogener Dispositionsrechnungen beachtet werden. Aus den genannten Gründen wird man lediglich bei längerfristigen Grobplanungen mit der Kennzahl „durchschnittlicher Nettoerlös je Leistungseinheit" rechnen, also einen linearen Verlauf der Nettoerlösfunktion unterstellen können. Sollen genaue Ergebnisse erreicht werden, sind detaillierte Annahmen über die Verkaufsmöglichkeiten der verschiedenen absatzwirtschaftlichen Varianten der einzelnen Produkte erforderlich. Auch im Hinblick hierauf erweist es sich als sehr zweckmäßig, bereits in der vergangenheitsbezogenen Erlösrechnung die erwähnten Differenzierungen vorzunehmen.

3. Bei Boni und Auftragsgrößenrabatten erforderliche Differenzierungen zwischen verschiedenen Grundtypen der Absatzmengenvariation

Das bisher Gesagte gilt in analoger Weise auch für die im Rahmen dieser Untersuchung in erster Linie betrachteten *Boni* und *Auftragsgrößenrabatte*. Auch wenn solche Preisermäßigungen gewährt werden, ist es nicht mehr zulässig, die für eine Leistungsart insgesamt erzielten Nettoerlöse durch die Absatzmenge zu dividieren und dann den durch eine solche „Divisionskalkulation" ermittelten Nettoerlös je Leistungseinheit den unternehmerischen Planungen und Anlaysen zugrunde zu legen. So gelangt z.B. P. *Riebel*[9] zu der Feststellung: „Man kann . . . aus gutem Grunde den Standpunkt vertreten, daß bei bestellmengenabhängigen . . . Rabatten die Einnahmen nur der Bezugsmenge eines Kunden insgesamt eindeutig zugerechnet werden können, daß also keine Zurechenbarkeit auf die Mengeneinheiten und Teilmengen des jeweiligen Leistungsgutes besteht." Ähnlich äußert sich *Riebel* bezüglich der Boni[10]. In dieser Hinsicht haben die Ausführungen *Hummels* über die Verrechnung „empfangener" Mengenrabatte analoge Gültigkeit. Er vertritt die Auffassung, daß man beim Empfang auftragsgrößenabhängiger Mengenrabatte kein eindeutiges (intersubjektiv nachprüfbares) geldliches Äquivalent für eine einzelne Mengeneinheit bestimmen kann, und wendet sich in diesem Zusammenhang entschieden gegen die seiner Meinung nach stets willkürliche Proportionalisierung solcher Preisnachlässe:

9 Vgl. *Riebel, P.*: Ertragsbildung und Ertragsverbundenheit, S. 170.
10 In diesem Sinne weist z.B. auch *Knoblich* darauf hin, daß bei der Gewährung von Mengenrabatten nicht mehr von einem proportionalen Ertragsverlauf ausgegangen werden darf, daß vielmehr mit einem der Tendenz nach unterproportionalen Ertragsverlauf zu rechnen ist. Vgl. *Knoblich, Hans*: Ertragsarten, in: Beiträge zur betriebswirtschaftlichen Ertragslehre, Festschrift für Erich Schäfer zum 70. Geburtstag, hrsg. v. Paul Riebel, Opladen 1971, S. 63–97, hier S. 74.

„Die Proportionalisierung bewirkt zwar, daß alle mit Rabatt verkauften Gütermengeneinheiten *gleichmäßig* an dem Preisnachlaß teilhaben, aber die Gleichmäßigkeit der Verteilung allein ist weder Indiz noch gar Beweis für die Objektivität des Verteilungsergebnisses. Daß jede Mengeneinheit ihren ‚gerechten' oder ‚fairen' Anteil vom Gesamtrabatt erhalten müsse, ist ein subjektives Werturteil, aber keine logisch zwingende Notwendigkeit"[11] .
Man kann also auch bei der Gewährung von Boni und Auftragsgrößenrabatten nicht mehr mit einer linearen, monovariablen Nettoerlös-Funktion operieren. Allerdings ergeben sich bei diesen Mengenrabatt-Typen weitere Komplizierungen wegen der Rabattstaffelung innerhalb des Gesamtumsatzes einer Periode bzw. wegen der Rabattstaffelung für einen Auftrag.
Wenn man genau sein will, kommt man weder bei der vergangenheitsbezogenen Erfassung der Erlöse und Erlösschmälerungen noch bei der Erlösplanung umhin, noch weitergehende Differenzierungen vorzunehmen. Bei der Aufstellung von Planungsrechnungen kann man mit dem in der Vergangenheit im Durchschnitt je Leistungseinheit erzielten Nettoerlös allein nichts anfangen. Präzise Aussagen darüber, wie sich die Höhe der Nettoerlöse eines Betriebs bei einer bestimmten Vergrößerung bzw. Verminderung der Absatzmenge einer Leistungsart verändert, kann man nur dann machen, wenn man weiß, *wie diese Absatzmengenvariation zustande kommt.* Dies soll im folgenden zunächst (und in erster Linie) am Beispiel der *Bonus-Gewährung* erläutert werden.
Die in diesem Zusammenhang anzusprechenden Probleme lassen sich mit den Schwierigkeiten der Erfassung der Beziehungen zwischen Kosten und Leistungsmenge vergleichen. Die moderne betriebswirtschaftliche Kostentheorie hat gezeigt, „daß nicht allein die Veränderungen der Ausbringungsmengen als solche die Kostenhöhe bestimmen, sondern daß zugleich die Art der ihnen zugrunde liegenden Anpassungsprozesse die Kostenstruktur in entscheidender Weise beeinflußt"[12]. So wie man im Produktionsbereich bei der Erfassung der kostenmäßigen Konsequenzen einer Veränderung der Erzeugungsmenge zwischen verschiedenen fertigungswirtschaftlichen Anpassungsformen unterscheiden muß, so muß man in den hier angesprochenen Situationen auch im Vertriebsbereich zwischen verschiedenen *Grundtypen der Absatzmengenvariation* unterscheiden, im Falle der Bonus-Gewährung zumindest danach,

- ob eine Absatzmengenänderung auf eine *Vergrößerung* bzw. *Verminderung* der Kundenzahl – bei prinzipiell *unveränderter Belieferung der sonstigen Abnehmer* – zurückgeht oder
- ob eine bestimmte Variation des Absatzvolumens durch eine *Vergrößerung bzw. Verminderung der Bezüge eines einzelnen, mehrerer oder aller Kunden* – bei prinzipiell *unveränderter Abnehmerzahl* – zustande kommt.

11 *Hummel, S.*: Wirklichkeitsnahe Kostenerfassung, S. 205.

12 *Kilger, Wolfgang*: Produktions- und Kostentheorie, Wiesbaden 1958, S. 94. Das Herausarbeiten der verschiedenartigen Formen produktionswirtschaftlicher Anpassungsprozesse ist eines der großen Verdienste Erich Gutenbergs. Vgl. *Gutenberg, Erich*: Grundlagen der Betriebswirtschaftlehre, Erster Band: Die Produktion, 19. Auflage, Berlin – Göttingen – Heidelberg 1972. Siehe außerdem *Heinen, Edmund*: Anpassungsprozesse und ihre kostenmäßigen Konsequenzen, Köln und Opladen 1957.

Im ersten dieser beiden Fälle könnte man – in Analogie zu den produktionswirtschaftlichen Anpassungsformen von einer *„quantitativen Anpassung“* und im zweiten von einer *„intensitätsmäßigen Anpassung“*[13] des Absatzvolumens sprechen. Um beurteilen zu können, welche erlösmäßigen Konsequenzen sich dann ergeben, wenn die Absatzmenge *allein durch eine Variation der Kundenzahl* gesteigert bzw. vermindert werden kann[14], muß man bei der Erlösplanung – und in analoger Weise auch bei der laufenden Erlöserfassung – so wie bei den schon besprochenen Mengenrabatten, deren Höhe von den Umsätzen der Vorperiode abhängt, zumindest jene Kunden auseinanderhalten, deren Gesamtumsatz in verschiedene Bonusklassen fällt. *Die Umsätze und Boni dürfen also nur differenziert nach Bonusklassen aggregiert werden.* Innerhalb der Erlösrechnung müssen von einer Leistungsart so viele „absatzwirtschaftliche Varianten“[15] gebildet werden, wie es unterschiedliche Rabatt- bzw. Bonusklassen gibt. Im Beispielfall der Abb. 2 also folgende Varianten:

Lieferung an Kunden mit einem Gesamtumsatz

1. bis unter 50.000,– DM
2. ab 50.000,– DM bis unter 75.000,– DM
3. ab 75.000,– DM bis unter 100.000,– DM
4. ab 100.000,– DM bis unter 150.000,– DM
5. ab 150.000,– DM.

Der Gesamtnettoerlös ergibt sich dann als Summe der Nettoerlöse dieser verschiedenen absatzwirtschaftlichen Varianten. Weiter sollten die Nettoerlös-Informationen zumindest im Rahmen der laufenden Grundrechnung der Erlöse nicht verdichtet werden.

Bei *durchgerechneten Bonus-Staffeln* reicht eine solche Differenzierung völlig aus. Da alle Kunden, deren Gesamt-Abnahmemenge in die gleiche Bonus-Klasse fällt, pro Leistungseinheit den gleichen Nettopreis bezahlen, ergibt sich innerhalb einer solchen Bonus-Klasse (sofern die Preise nicht noch nach anderen Kriterien differenziert sind) für jede abgesetzte Einheit einer bestimmten Leistungsart auch der gleiche „anteilige“ Netto-Stückerlös.

Allerdings handelt es sich bei dieser Größe um keinen echten Einzelerlös der Leistungseinheit, eben weil in den hier angesprochenen Fällen überhaupt nicht über einzelne Stücke, sondern stets nur über den Gesamtumsatz einzelner Kunden disponiert wird. Dennoch kommt der Kennzahl „anteiliger“ Nettoerlös je Leistungseinheit auch hier eine gewisse Bedeutung zu. Sie hat zumindest einen *rechentechnischen Wert*, insofern, als es durch sie möglich wird, den Gesamt-Nettoerlös jedes einzelnen Kunden (bzw. den Nettoerlös der im Rahmen von Eventualplanungen interessierenden Gesamtabsatzmengen der verschiedenen Kundengruppen) als

13 Insofern als eine intensivere Ausnutzung des Kaufpotentials einzelner Kunden erfolgt.

14 Dieser Fall ist besonders dort von Bedeutung, wo sich die Nachfrage eines Abnehmers wegen des Vorliegens einer Bedarfs- oder Einkaufsverbundenheit nicht beliebig unterteilen läßt, wo es also nicht möglich ist, die zu den gegebenen Preisen auftretende Nachfrage der verschiedenen Abnehmer nur teilweise zu befriedigen.

15 *G. Laßmann* (Die Kosten- und Erlösrechnung, S. 119) spricht in diesem Zusammenhang von „Erlösstellen“. Er weist mit besonderer Dringlichkeit darauf hin, daß zur Erfassung und Zurechnung der hier betrachteten und anderer Erlösminderungsarten ein System von „Erlösstellen“ aufzubauen ist.

Produkt aus Menge und Nettopreis zu berechnen. Bei der Prognose von Absatzmengenänderungen innerhalb einer Bonusklasse kann unmittelbar mit dieser Kennzahl als Multiplikator gearbeitet werden.
Bei *angestoßenen Bonus-Staffeln* gelten die vorstehenden Ausführungen nur für jene Gruppe von Abnehmern, denen wegen ihrer geringen Bezüge am Periodenende überhaupt keine Boni gewährt wurden (bzw. werden). Innerhalb der auf diesen ersten Bonusstaffelbereich folgenden Staffelbereiche ergibt sich – wie Abb. 7 erkennen läßt – mit zunehmender Höhe des Umsatzes eines Kunden ein immer geringerer „anteiliger" Nettoerlös je Leistungseinheit. Wer möglichst genau sein will, muß daher *innerhalb einer Bonus-Klasse noch weiter differenzieren* – wobei es wegen des degressiven Abfalls des durchschnittlichen Nettoerlöses je Leistungseinheit zweckmäßig sein wird, ungleiche (im unteren Teil des Staffelbereichs kleinere) Klassenbreiten zu wählen, also beispielsweise bei den pro Periode über 150.000,– DM hinausgehenden Umsätzen die

Lieferungen an Kunden mit einem Gesamtumsatz

1. ab 150.000,– DM bis unter 160.000,– DM
2. ab 160.000,– DM bis unter 175.000,– DM
3. ab 175.000,– DM bis unter 195.000,– DM
4. ab 195.000,– DM bis unter 220.000,– DM
usw.

auseinanderzuhalten.

Abb. 7: Durchschnittlicher und marginaler Nettoerlös je Leistungseinheit in einem Einproduktbetrieb mit „angestoßener" Bonus-Staffel

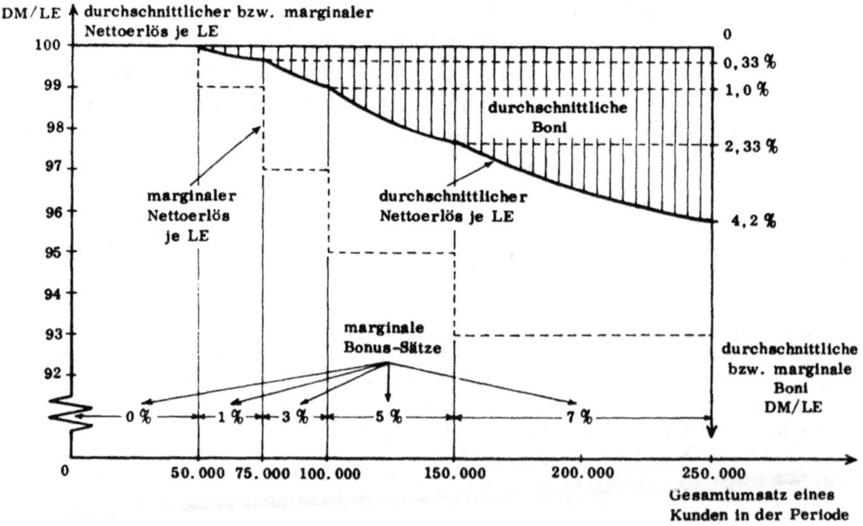

Gilt es, die erlösmäßigen Konsequenzen einer *Ausweitung bzw. Reduzierung der Bezüge einer gegebenen Anzahl von Kunden* zu beurteilen, so ist ebenfalls eine Differenzierung der Umsätze nach Bonus-Klassen erforderlich, denn es ist nicht gleichgültig,
- ob eine solche Absatzmengenvariation in erster Linie durch die Veränderung der Nachfrage *großer Kunden* verursacht wird oder
- ob sie vornehmlich auf die Zu- bzw. Abnahme der Bezüge *kleiner Abnehmer* zurückgeht.

Doch darf man bei der Prognose solcher Konsequenzen prinzipiell nicht mit dem „anteiligen" Nettoerlös je Leistungseinheit rechnen. Als Grundlage für die Leistungsbewertung ist in diesen Fällen vielmehr der *marginale Nettoerlös je Leistungseinheit* heranzuziehen, der bei angestoßenen Staffeln – wie Abb. 7 zeigt – um einiges niedriger ist als der erstere.

Dieser marginale Nettoerlös je Leistungseinheit muß ebenfalls aus der Erlösrechnung ersichtlich sein. Er ist zwar bei beiden Staffeltypen für den gesamten Gültigkeitsbereich einer Bonus-Klasse konstant, so daß es bei angestoßenen Staffeltypen in dieser Hinsicht prinzipiell nicht erforderlich ist, innerhalb eines Staffelbereichs noch weiter zu differenzieren, doch darf man nicht vernachlässigen,
- daß bei einer *Ausweitung des Umsatzes* möglicherweise ein Teil der Kunden eine *höhere Bonus-Klasse* erreicht bzw.
- daß bei einer *Reduzierung des Umsatzes* einzelne Kunden in eine *niedrigere Bonus-Klasse* absinken.

Wie aus dem Inhalt des VI. Abschnitts hervorgeht, müssen diesen besonders bei jeder großen Absatzmengenvariation bedeutsamen Effekt vor allem jene Betriebe beachten, die ihre Boni nach dem Prinzip der „Durchrechnung" gestaffelt haben, eben weil es hier bei jedem Über- bzw. Unterschreiten einer Rabattschwelle zu einer sprunghaften Erhöhung bzw. Reduzierung der Boni kommt. Darüber hinaus ist die an anderer Stelle erläuterte *Remanenz* der durchgerechneten Mengenrabatte beim Absatzrückgang bzw. die *beschleunigte Zunahme* dieser Erlösschmälerungen bei einer Ausweitung des Absatzvolumens zu berücksichtigen.

Für Unternehmungen, die *auftragsgrößenabhängige Rabatte* gewähren, gelten die vorstehenden Ausführungen sinngemäß. Auch sie müssen bei einem Ansatz der Nettoerlöse in Prognose- und Planungsrechnungen zwischen verschiedenen Grundtypen der Absatzmengenvariation unterscheiden.

Die im Rahmen dieses Abschnitts unterschiedenen Grundtypen der Absatzmengenvariation werden in der Praxis stets nebeneinander vorkommen. Die Unternehmungsleitung muß für eine optimale Kombination dieser Möglichkeiten sorgen. Doch kann dieses Entscheidungsproblem nicht unmittelbar nach jenen Grundsätzen gelöst werden, die für die optimale Kombination produktionswirtschaftlicher Anpassungsmaßnahmen ausschlaggebend sind. Diese Grundsätze lassen sich in der Regel unmittelbar aus dem ökonomischen Prinzip ableiten[16].

16 Vgl. hierzu *Heinen, Edmund*: Betriebswirtschaftliche Kostenlehre, Bd. I: Begriff und Theorie der Kosten, 2. Aufl., Wiesbaden 1965, S. 425 f. – *Jacob, Herbert*: Produktionsplanung und Kostentheorie, in: Zur Theorie der Unternehmung, Festschrift zum 65. Geburtstag von Erich Gutenberg, hrsg. v. Helmut Koch, Wiesbaden 1962, S. 205–268, hier S. 211 f.

Dadurch, daß man für jede Ausbringungsmenge eine kostenminimale Kombination von Anpassungsmaßnahmen bzw. eine kostenminimale Kombination der Produktionsfaktoren ermittelt, gelingt es, die primär multivariable Kostenfunktion in eine „synthetische“ monovariable Kostenfunktion umzuformulieren. Auf der Erlösseite des Betriebes gelingt dies nicht. Auch bei Zugrundelegung des dispositiven Verhaltens rational handelnder Kunden ist es unmöglich, den nach Abzug der Boni bzw. der Auftragsgrößenrabatte verbleibenden Nettoerlös einer Leistungsart als „synthetische“ monovariable Funktion der Absatzmenge darzustellen, weil von den verschiedenen Grundtypen der Absatzmengenvariation nicht nur ein Einfluß auf die Erlöse und Erlösschmälerungen, sondern auch ein Einfluß auf die Kosten des Betriebes (insbesondere auf die Vertriebskosten) ausgeht. Die verschiedenen Möglichkeiten einer Absatzmengenvariation lassen sich also allenfalls unter *gleichzeitiger Beachtung der Kostenseite* in eine Rangordnung bringen.

Die vorstehend dargelegten Fakten setzen – wie eingangs bereits angedeutet – auch dem Rechnen mit engpaßbezogenen Deckungsbeiträgen im Rahmen der Deckungsbeitragsrechnung Grenzen. Es ist, auch wenn nur ein Engpaß vorliegt, unmöglich, die relative Ertragskraft einer Leistungsart ohne weitere Differenzierung durch eine einzige Kennzahl zu repräsentieren, sofern diese Leistungsart an Abnehmer verkauft wird, die unterschiedlich hohe Rabatte erhalten und von dieser Produktsorte auch unterschiedlich große Mengen abnehmen. Selbst wenn dies nur „Einprodukt-Kunden“ wären und insofern die Zurechnung der Mengenrabatte auf Leistungsarten keine Schwierigkeiten bereiten würde, käme die Aggregation aller für eine Leistungsart direkt erfaßbaren Erlöse, Erlösschmälerungen und Kosten mit anschließender Bezugnahme auf die in Anspruch genommenen Engpaßeinheiten einem Rechnen mit *durchschnittlichen* Erfolgsgrößen gleich, von denen die für einen einzelnen Kunden gültigen Werte unter Umständen erheblich abweichen können. Wird höchstmögliche Genauigkeit angestrebt, muß man also auch bei der Ermittlung engpaßbezogener Deckungsbeiträge beim einzelnen Kunden ansetzen.

Das gilt in analoger Weise auch für die Formulierung komplexer Entscheidungsmodelle für die Produktions- und Absatzplanung, wie sie etwa beim Vorliegen mehrerer Engpässe erforderlich ist. Streng genommen ist hierbei jeder einzelne effektive oder potentielle Kunde als eigenständiges absatzwirtschaftliches Potential in den Programmansatz aufzunehmen. Die Vorgabe von Absatzmengenrestriktionen kann nicht mehr global für eine Leistungsart als Ganzes erfolgen, sondern nur differenziert für jeden einzelnen Kunden. In die Zielfunktion sind als Zielkoeffizienten der Leistungsarten zunächst jene Deckungsbeiträge einzusetzen, die sich ohne den Abzug von Mengenrabatten – also ausgehend von den Bruttoerlösen – ergeben, andererseits muß aber gleichzeitig im Modellansatz entsprechend berücksichtigt werden, daß bei intensiver Nutzung der einzelnen absatzwirtschaftlichen Potentiale (bei stärkerer Belieferung der einzelnen Kunden) je nach der Art der Rabattstaffelung immer höhere Erlösschmälerungen anfallen. Bei durchgerechneten Rabattstaffeln bereitet dies allerdings wegen der mehrfach beschriebenen besonderen Verhaltensweise rabattbewußter Kunden erhebliche Schwierigkeiten, die sich mit den derzeit verfügbaren Mitteln wohl kaum überwinden lassen, zumal Modelle, die die vorstehend angedeuteten Notwendigkeiten berücksichtigen, wegen der Vielzahl von Variablen und Restriktionen rasch einen sehr großen Umfang annehmen. Man wird sich daher in der Praxis meist doch mit Näherungslösungen auf der oben angesprochenen Basis des Rechnens mit durchschnittlichen Erfolgsgrößen begnügen müssen. Dennoch erscheinen die vorstehenden Ausführungen nützlich, weil sie die mit solchen Näherungslösungen bewußt in Kauf genommenen Fehler aufzeigen und damit einer Fehleranalyse zugänglich machen.

VIII. Besondere Bewertungsprobleme bei der Gewährung von Naturalrabatten und Rabattgutschriften

Die vorausgehenden Ausführungen sollten vor allem zeigen, wie die Zurechnung der Mengenrabatte auf Leistungsarten und Leistungseinheiten vom konkreten *Aufbau der Rabattstaffeln* beeinflußt wird. Hauptanliegen war es zu beschreiben, welche Zurechnungsschwierigkeiten sich aus dem jeweiligen Verlauf der praktisch relevanten Rabattfunktions-Typen ergeben und welche Überlegungen anzustellen sind, um diese Schwierigkeiten zu überwinden.

Die wertmäßige Höhe der innerhalb einer entscheidungsorientierten Erlösrechnung auszuweisenden Mengenrabatte steht aber auch nach Klärung dieser Fragen noch nicht in allen Fällen eindeutig fest. Denn sie wird auch von der *Art der Rabattgewährung* mitbestimmt, d.h. davon,

- ob die gewährten Preisnachlässe den Kunden *direkt erstattet*, also bei Sofortrabatten unmittelbar vom Rechnungsbetrag in Abzug gebracht bzw. bei nachträglich (am Ende der betreffenden Abrechnungsperiode) gewährten Mengenrabatten in Form einer *Rückvergütung an den Abnehmer ausgezahlt* werden, oder
- ob den Kunden – wie dies in der Praxis gerade bei der Bonusgewährung häufiger vorkommt – lediglich eine vom wertmäßigen Umfang der Bezüge abhängige *Gutschrift* erteilt wird, die den betreffenden Abnehmern dann in Zukunft „kostenlose" Einkäufe im Gesamtwert dieser Gutschrift ermöglicht, oder
- ob man den Käufern durch *Lieferung von Gratismengen* Naturalrabatte einräumt.

Die sich hieraus ergebenden besonderen Bewertungsprobleme werden im folgenden in erster Linie wieder für periodenbezogene Gesamtumsatzrabatte (Boni) erläutert. Während im Falle einer *direkten Erstattung von Mengenrabatten* prinzipiell keine Wertunsicherheit besteht, erhebt sich beim anderen Extrem, den *Naturalrabatten* zwangsläufig die Frage, mit welchem Wert die ohne Berechnung gelieferten Mengen innerhalb des internen Rechnungswesens wertmäßig in Ansatz zu bringen sind. Auch wenn eindeutig feststeht – und von solchen Bedingungen soll im folgenden ausgegangen werden –, in welchem Ausmaß sich die Verpflichtungen zur Gewährung von Naturalrabatten gegenüber einem einzelnen Kunden durch die Auslieferung eines bestimmten Auftrags erhöhen (bzw. erhöht haben), bleibt zu klären, wie diese zunächst nur mengenmäßig erfaßten Auswirkungen der Naturalrabatt-Gewährung innerhalb des Rechnungswesens – z.B. bei der Abrechnung des betreffenden Auftrags – wertmäßig in Ansatz zu bringen sind.

1. Ermittlung der Wertkomponente von Naturalrabatten

In Literatur und Praxis herrscht die Auffassung vor, die Lieferung von Gratismengen sei für den Lieferanten stets günstiger als direkte Preisnachlässe, da die nicht berechneten Mengen vom Käufer mit dem vollen, für ihn geltenden Anschaffungspreis der betreffenden Güter bewertet würden, während der Hersteller hierfür lediglich die Herstellungs- und Versendungskosten in Kauf nehmen müsse[1]. Folglich werden Gratismengen normalerweise auch zu den Herstellungs- und Versandkosten verrechnet.

Ein solches Vorgehen ist jedoch keinesfalls generell richtig. Vielmehr muß man – wie durch das Schema in Abb. 8 veranschaulicht – jeweils sehr sorgfältig analysieren, welche primären und sekundären ökonomischen Auswirkungen sich aus der Gewährung solcher indirekter Vergünstigungen letztlich tatsächlich ergeben. Das soll im folgenden zugleich anhand eines numerischen Beispiels durch Tab. 18 (Seite 105) erläutert werden. Ihm liegen die folgenden Annahmen zugrunde.

Ausgangssituation des Beispiels:
Ein Einproduktunternehmen kann einem Kunden in Periode 1 über die ursprünglich geplante Absatzmenge von 1.300 Leistungseinheiten (LE) hinaus zusätzlich 400 LE liefern (Zusatzauftrag des Kunden). Die verbindlich festgelegten Konditionen sehen vor, daß hierfür (am Ende der Periode) ein zusätzlicher Naturalrabatt von 10 % (40 LE) zu gewähren ist.

Daten und Symbole:
Bruttoerlös: in allen Perioden 20,– DM/LE
Herstellungs- und Versandkosten:
- zusätzliche pagatorische Kosten in allen Perioden 4,– DM
- Opportunitätskosten (entgehende Deckungsbeiträge) der Kapazitätsinanspruchnahme (k_0) je nach Beschäftigungslage 0,– DM; 8,– DM bzw. 14,– DM.

Unterschiedene Fälle (Beschäftigungslage, Rabattgewährung, Nachfrageverhältnisse):
Fälle I und II: nur Primärwirkung der Rabattgewährung (A)
  I: *Unterbeschäftigung* in Periode 1 (k_0 = 0,– DM/LE)
  II: *Vollbeschäftigung* in Periode 1 (k_0 = 8,– DM/LE).
Fälle III–V: neben Primärwirkung der Rabattgewährung (A) wird auch *Sekundärwirkung* (B) erwartet, man nimmt also an, daß die gelieferten Gratismengen zu Lasten der künftigen Nachfrage gehen. In Periode 2 wird der Kunde allerdings voraussichtlich so wenig einkaufen, daß ihm für seine Bezüge in dieser Periode *keine Naturalrabatte* gewährt werden müssen (Naturalrabatt in Periode 2 = 0 %).
  III: *Vollbeschäftigung* in den Perioden 1 und 2 (k_0 = 8,– DM/LE)

1 Vgl. hierzu u.a. *Ohse, Hermann*: Wirtschaftliche Probleme industrieller Sortenfertigung, S. 495.

Abb. 8: Ökonomische Auswirkungen der Gewährung von Naturalrabatten

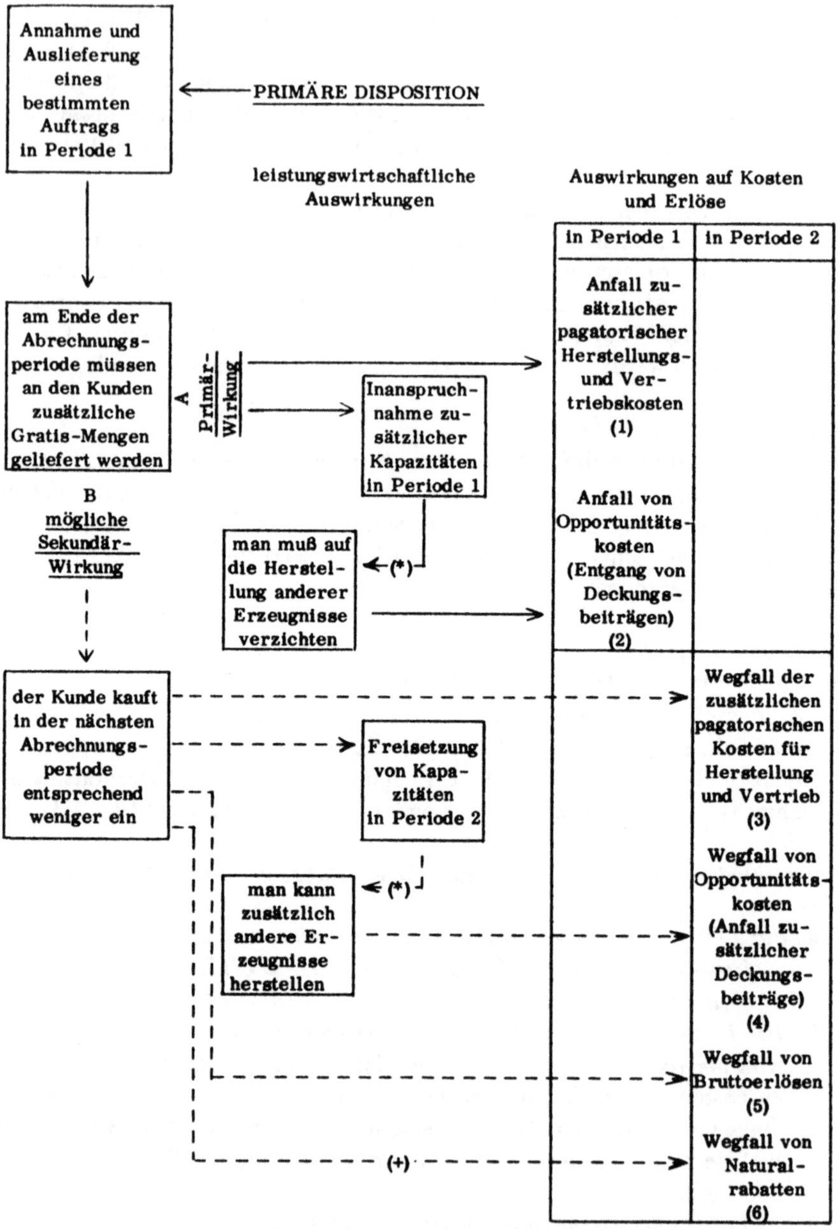

(*) nur, wenn die Kapazitäten in der betreffenden Abrechnungsperiode knapp und nicht erweiterungsfähig sind.

(+) wenn zu erwarten ist, daß der betreffende Kunde auch in Zukunft so viel einkauft, daß ihm Naturalrabatte zu gewähren sind.

IV: *Unterbeschäftigung* in Periode 1 (k_0 = 0,– DM/LE), *Überbeschäftigung* in Periode 2 (k_0 = 14,– DM/LE)

V: *Überbeschäftigung* in Periode 1 (k_0 = 14,– DM/LE), *Unterbeschäftigung* in Periode 2 (k_0 = 0,– DM/LE).

Fall VI: Neben Primärwirkung (A) wird *auch Sekundärwirkung* (B) erwartet, wobei man annimmt, daß der Kunde *auch in Zukunft Naturalrabatte* erhalten wird, in Periode 2 = 10 %, in Periode 3 = 0 %. In den Perioden 1, 2 und 3 herrscht Vollbeschäftigung (k_0 = 8,– DM/LE).

Tab. 18: Beispielhafte Erläuterung des möglichen Ansatzes der „Wertkomponente" von Naturalrabatten

	Spalten →	1	2	3	4	5	6	7	8	9	10	11
		Perioden	Absatzmenge (LE)	Bruttoerlöse (DM)	effektiver bzw. erwarteter Naturalrabatt (Gratismenge) (%)	(LE)	Herstellungs- und Versandkosten: zusätzliche pagatorische Kosten (DM)	Opportunitätskosten (DM)	"Wertkomponente" des Naturalrabatts (DM)	(%)	maßgebliche Wirkungen gemäß Abb. 8	Ansatz der Wertkomponente des Naturalrabatts
	ursprünglich für Periode 1 geplanter Absatz		1.300	26.000	10%	130						
Fälle I und II: Nur Primärwirkung der Rabattgewährung												
I	ZUSATZAUFTRAG	1	+400	+8.000	10%	+40	+160	±0	160	2,0%	(1)	zusätzliche Kosten
	keine Sekundärwirkung der Rabattgewährung	2	±0									
II	ZUSATZAUFTRAG	1	+400	+8.000	10%	+40	+160	+320	480	6,0%	(1), (2)	zusätzliche Kosten und entgehende Deckungsbeiträge (Opportunitätskosten) der laufenden Periode
	keine Sekundärwirkungen der Rabattgewährung	2	+ 0									
Fälle III–V: Neben Primärwirkung wird auch Sekundärwirkung der Rabattgewährung erwartet (in Periode 2 fällt voraussichtlich kein Naturalrabatt an)												
III	ZUSATZAUFTRAG	1	+400	+8.000	10%	+40	+160	+320			(1), (2), (3), (4), (5) bei (1) = (3) (2) = (4)	in Zukunft wegfallende Bruttoerlöse
	Sekundärwirkung der Rabattgewährung	2	-40	-800								
							-160	-320				
					0%	0						
	Gesamtwirkung			-800			±0	±0	800	10,0%		
IV	ZUSATZAUFTRAG	1	+400	+8.000	10%	+40	+160	±0			(1), (2), (3), (4), (5) bei (1) = (3) (2) < (4)	in Zukunft wegfallende Bruttoerlöse sowie niedrigere (Opportunitäts-) Herstellungskosten in der laufenden Periode
	"Sekundärwirkung" der Rabattgewährung	2	-40	-800								
							-160	-560				
					0%	0						
	Gesamtwirkung			-800			±0	-560	240	3,0%		
V	ZUSATZAUFTRAG	1	+400	+8.000	10%	+40	+160	+560			(1), (2), (3), (4), (5) bei (1) = (3) (2) > (4)	in Zukunft wegfallende Bruttoerlöse sowie höhere (Opportunitäts-) Herstellungskosten in der laufenden Periode
	"Sekundärwirkung" der Rabattgewährung	2	-40	-800								
							-160	±0				
					0%	0						
	Gesamtwirkung			-800			±0	+560	1.360	17,0%		
Fall VI: Neben Primärwirkung wird auch Sekundärwirkung der Rabattgewährung erwartet (in Periode 2 fällt voraussichtlich wieder ein Naturalrabatt von 10 %, in Periode 3 kein Naturalrabatt an)												
VI	ZUSATZAUFTRAG	1	+400	+8.000	10%	+40	+160	+320			(1), (2), (3), (4), (5), (6) bei (1) = (3) (2) = (4) (6) = 10%	in Zukunft wegfallende Nettoerlöse
	"Sekundärwirkung" der Rabattgewährung	2	-40	-800								
							-160	-320				
					10%	-4	-16	-32				
		3	+4	+80								
							+16	+32				
					0%	0						
	Gesamtwirkung			-720			±0	±0	720	9,0%		

Eine Orientierung des Wertansatzes für Naturalrabatte an den *Kosten* ist grundsätzlich nur in jenen Fällen zulässig, in denen man sicher sein kann, daß die Gewährung solcher Mengen-Zugaben nicht zu Lasten der von jenen Kunden in der abgelaufenen Periode entgeltlich bezogenen Mengen gegangen ist (daß also der Kunde nicht von vornherein seine Bestellmenge um die erwarteten Gratis-Liefermengen herabgesetzt hat), und daß sie auch nicht zu einer entsprechenden Reduzierung der künftigen Nachfrage jenes Käufers führt. Allerdings darf man selbst unter diesen Bedingungen wegen der systembedingten Mängel der Vollkostenrechnung[2] nicht die „vollen Herstellkosten" der betreffenden Produktart verrechnen. Die Bewertung der Gratismengen ist vielmehr davon abhängig zu machen, ob in dem fraglichen Betrieb Engpässe vorliegen oder nicht. Im letzten dieser beiden Fälle hat man sich auf den Ansatz der *zusätzlichen Kosten für die Erzeugung und Auslieferung* jener Mengen-Zugaben zu beschränken; in Engpaß-Situationen kommen dazu – als „Opportunitätskosten"[3] – die der betreffenden Unternehmung infolge der Engpaßnutzung für die Herstellung der Gratismengen *entgehenden Deckungsbeiträge.*

Aus diesem Grund ergibt sich je nach der Beschäftigungslage des betreffenden Betriebes in der Rabattgewährungsperiode eine unterschiedlich hohe Wertkomponente des Naturalrabatts. Das veranschaulichen die Fälle I und II im Beispiel der Tabelle 18. Bei Unterbeschäftigung errechnet sich der Rabatt von nur 2,0 %, bei Vollbe-

2 Siehe hierzu insbes. *Riebel, Paul*: Die Mängel der Vollkostenrechnung, in: Aufwand und Ertrag – Zeitschrift der Buchhaltungsfachleute, 10. Jg. (1964), H. 1, S. 5–9. – *Ders.*: Kurzfristige unternehmerische Entscheidungen im Erzeugungsbereich auf Grundlage des Rechnens mit relativen Einzelkosten und Deckungsbeiträgen, in: Neue Betriebswirtschaft, 20. Jg. (1967), H. 8, S. 1–23. – *Köhler, Richard*: Die Prämissen der Vollkosten-Trägerrechnung, in: Neue Betriebswirtschaft, 17. Jg. (1964), H. 55, S. 43 ff. – *Männel, Wolfgang*: Kann die Vollkostenrechnung durch den Ausweis „gesonderter Fixkostenbeiträge" gerettet werden? in: ZfB, 37. Jg. (1967), Nr. 12, S. 759–782. – *Vatter, J.*: Limitations of Overhead Allocation, in: The Accounting Review, Vol. XX (1945), S. 163 ff.

3 Das Wesen und die Probleme des Rechnens mit Opportunitätskosten werden hier als bekannt vorausgesetzt. Von den zahlreichen Publikationen, die sich hiermit beschäftigen, seien an dieser Stelle lediglich die wichtigsten deutschsprachigen Veröffentlichungen – in der zeitlichen Reihenfolge ihres Erscheinens – genannt: *Böhm, Hans-Hermann*: Dynamische Kostensenkung im Betrieb, München 1960, insbesondere S. 26 ff. – *Engels, Wolfram*: Betriebswirtschaftliche Bewertungslehre im Lichte der Entscheidungstheorie, Köln und Opladen 1962, insbeonsere S. 162–176. – *Michel, Hartmut*: Grenzkosten und Opportunitätskosten – Zur Diskussion um das Problem Voll- oder Teilkostenrechnung, in: ZfbF, 16. Jg. (1964), H. 2, S. 82–93. – *Kern, Werner*: Kalkulation mit Opportunitätskosten, in: ZfB, 35. Jg. (1965), Nr. 3, S. 133–147. – *Hax, Herbert*: Kostenbewertung mit Hilfe der mathematischen Programmierung, in: ZfB, 35. Jg. (1965), Nr. 4, S. 197–210. – *Opfermann, Klaus – Reinermann, Heinrich*: Opportunitätskosten, Schattenpreise und optimale Geltungszahl – Ein Vergleich klassischer und moderner Optimalkalküle, in: ZfB, 35. Jg. (1965), Nr. 4, S. 211–236. – *Heinen, Edmund*: Betriebswirtschaftliche Kostenlehre, Band I, S. 309–362. – *Jocksch, H.C.*: Lineares Programmieren, 2. Aufl. Tübingen 1965, insbes. S. 119–142. – *Münstermann, Hans*: Bedeutung der Opportunitätskosten für unternehmerische Entscheidungen, in: ZfB, 36. Jg. (1966), 1. Ergänzungsheft, S. 18–36. – *Kilger, Wolfgang*: Flexible Plankostenrechnung – Theorie und Praxis der Grenzplankostenrechnung und Deckungsbeitragsrechnung, Köln und Opladen 1967, S. 700–713. – *Böhm, Hans-Hermann – Wille, Friedrich*: Deckungsbeitragsrechnung und Programmoptimierung, 3. Aufl., München 1967. – *Vischer, Peter*: Simultane Produktions- und Absatzplanung – Rechnungstechnische und organisatorische Probleme mathematischer Programmierungsmodelle, Wiesbaden 1967, S. 112–132. – *Adam, Dietrich*: Entscheidungsorientierte Kostenbewertung, Wiesbaden 1970.

schäftigung in der Periode 2 ein Rabatt von 6,0 % des Bruttoerlöses (vgl. jeweils die Spalten 8 und 9).

Betriebe, die Naturalrabatte gewähren, müssen in der Regel auch mit der in Abb. 8 mit B gekennzeichneten Sekundärwirkung rechnen, sie müssen daran denken, daß die Lieferung von zusätzlichen Gratismengen möglicherweise zu einer entsprechenden Reduzierung der zukünftigen Nachfrage des betreffenden Abnehmers führt, wie etwa dann, wenn dieser bei seinen Einkaufsdispositionen von einem fest vorgegebenen Bedarf auszugehen hat. Wie eingangs schon angedeutet, kann es auch sein, daß ein Kunde bereits in der Vergangenheit angesichts der zu erwartenden Gratismengen von vornherein weniger bestellt hat. Darauf soll hier jedoch nicht näher eingegangen werden.

Für den Fall, daß ein Kunde, dem ein Naturalrabatt gewährt wird, in der nächsten Abrechnungsperiode entsprechend weniger einkauft, kann man die Auffassung vertreten, daß die auf diese Weise *in Zukunft entgehenden Erlöse* die Grundlage für die Bewertung der Mengenzugaben des gegenwärtigen Abrechnungszeitraums bilden[4]. Ein solcher allein am Erlösentgang orientierter Wertansatz für Naturalrabatte erscheint jedoch allenfalls dann gerechtfertigt, wenn die in Abb. 8 mit (3) und (4) gekennzeichneten Wirkungen genauso stark ins Gewicht fallen wie die mit (1) und (2) bezeichneten Konsequenzen, wenn also die Gesamtkosten für die Herstellung und den Versand der Gratismenge in der laufenden Periode genauso hoch sind wie die dafür in der künftigen Periode wegfallenden Herstellungs- und Versendungskosten. Diese Bedingung ist aber streng genommen nur dann erfüllt, wenn die Beschäftigungslage der aufeinanderfolgenden Perioden identisch ist, wenn in beiden Abrechnungszeiträumen gleich hohe Opportunitätskosten in Ansatz zu bringen sind. Solche Bedingungen sind für den Fall III des Beispiels in Tab. 18 unterstellt (für ihn beläuft sich die Wertkomponente des Mengenrabattes auf 10 %).

Der eben vorgetragene Hinweis offenbart, daß die Lösung des hier diskutierten Bewertungsproblems streng genommen auch konkrete Annahmen über die gegenwärtige und zukünftige Auftrags- und Beschäftigungslage eines Unternehmens erfordert. Wird z.B. mit einer Verbesserung der Beschäftigungslage gerechnet, also damit, daß in Zukunft höhere Opportunitätskosten in Ansatz zu bringen sind, so reduziert dies die Wertkomponente des Naturalrabatts unter das Niveau der entgehenden Bruttoerlöse, wie dies aus dem Fall IV des Beispiels in Tab. 18 hervorgeht. Umgekehrt können sich für den Fall eines erwarteten Beschäftigungsrückgangs relativ hohe Prozentsätze für den Naturalrabatt (im Beispielfall 17,0 %) ergeben, weil den zusätzlichen Kosten für Herstellung und Versand in der laufenden Periode nur geringere ersparte Herstellungs- und Versendungskosten in der nächsten Periode gegenüberstehen. Solche Annahmen liegen dem Fall V des Beispiels der Tab. 18 zugrunde.

Bei der Ermittlung der ökonomischen Konsequenzen einer Naturalrabatt-Gewährung ist streng genommen nicht nur an die infolge der kostenlosen „Draufgabe" wegfallenden Bruttoerlöse zu denken, sondern auch daran, daß die Lieferung solcher Gratismengen dann, wenn die in Abb. 8 mit B gekennzeichnete Sekundär-

4 Diese Meinung vertritt z.B. *H. Ohse* (Wirtschaftliche Probleme industrieller Sortenfertigung, S. 495 f.).

wirkung zum Tragen kommt, ihrerseits wiederum die Bezugsgrundlage der Naturalrabatt-Gewährung des nächsten Abrechnungszeitraums herabsetzt: Wenn der Kunde auf den Erhalt der Zugabe mit einer entsprechenden Einschränkung seiner künftigen Nachfrage reagiert, vermindern sich auch die in der folgenden Periode zu gewährenden Naturalrabatte. Die hieraus sich ergebenden Ersparnisse müßte man beim Bewerten der in der laufenden Periode gewährten Mengenzugaben von den dieser Gratismenge entsprechenden Bruttoerlösen abziehen. Bei der Ermittlung dieser Ersparnisse, die nach den an anderer Stelle besprochenen Prinzipien zu erfolgen hätte, wird man jedoch mit dem Problem der Bewertung von Naturalrabatten erneut konfrontiert. Um eine genaue Antwort geben zu können, müßte man im Grunde auch Anhaltspunkte darüber besitzen, welche Umsätze mit jenen Kunden in der übernächsten und den darauf folgenden Perioden voraussichtlich getätigt werden können. Da solche weitreichenden Informationen in der Realität keinesfalls vorliegen, läßt sich der eben herauskristallisierte – wertmäßig allerdings ohnehin nicht sehr ins Gewicht fallende – Effekt praktisch niemals genau erfassen. In den Fällen I bis V des Beispiels der Tab. 18 wurde er deshalb zunächst völlig ausgeklammert, indem unterstellt wurde, daß der Kunde in Periode 2 voraussichtlich so wenig einkaufen wird, daß ihm für seine Bezüge in dieser Periode überhaupt keine Naturalrabatte gewährt werden müssen. Im Fall VI wird für Periode 2 ein Naturalrabatt von 10 %, für Periode 3 wiederum ein Naturalrabatt von 0 % unterstellt. Bereits durch diese Modifikation vermindert sich jedoch die Wertkomponente des Naturalrabatts von 10 % (vgl. Fall III) auf 9,0 % (vgl. Fall VI).

Die vorstehenden Ausführungen gelten in analoger Weise auch für solche Naturalrabatte, die in Abhängigkeit von der Auftragsgröße gewährt werden. Auch bei deren wertmäßigen Fixierung darf man sich nur dann an den Herstellungs- und Versendungskosten orientieren, wenn feststeht, daß die Lieferung solcher Gratismengen nicht zulasten des mengen- bzw. wertmäßigen Umfangs anderer (zukünftiger) Aufträge geht.

Wie aus den im Schema der Abb. 8 ausgewiesenen Wirkungen (1)–(6) hervorgeht, bereitet der Ausweis von Naturalrabatten als Erlösschmälerungen innerhalb der Erlösrechnung nicht nur terminologische, sondern auch erfassungstechnische Schwierigkeiten. Die Primärwirkung der Gratismengenlieferung, der Anfall zusätzlicher Herstellungs- und Versendungskosten, schlägt sich innerhalb der Kostenrechnung nieder und solte auch dort – allerdings möglichst als separate Position – erfaßt werden[5]. Den Saldo der möglichen Sekundärwirkungen, den Überschuß der Wirkungskomponente (5) über die Wirkungskomponenten (6), (3) und (4) kann man als antizipierte künftig entgehende Deckungsbeiträge auffassen und begrifflich als Opportunitäts-Erlösschmälerungen interpretieren. Diese kalkulatorischen Beträge lassen sich, sofern man brauchbare Ansätze für ihre Bemessung findet, innerhalb der Erlösrechnung ausweisen, wobei die Trennung von der als Kosten verrechneten Primärwirkung eher vorteilhaft als nachteilig ist, weil sie dazu beiträgt, die konkreten ökonomischen Auswirkungen der Naturalrabatt-Gewährung transparent zu machen.

5 Demgegenüber wird in einigen Kontenrahmen gefordert, nicht berechnete Leistungen als Erlösschmälerungen auszuweisen. Vgl. dazu Gemeinschafts-Kontenplan zum Gemeinschafts-Kontenrahmen der Industrie (GKR), S. 29. – Kontenrahmen für die Keramische Industrie, hrsg. v. Verein der Keramischen Industrie e.V., Selb 1952, S. 35.

2. Vom Nominalwert abweichende Verrechnung gutgeschriebener Boni

In Betrieben, die den Käufern ihrer Erzeugnisse nach dem Umsatz pro Periode gestaffelte Gutschriften erteilen, scheint man grundsätzlich nicht mit Bewertungsfragen der eben behandelten Art konfrontiert zu werden, weil bei Anwendung dieses Modus der Rabattgewährung die nominelle Höhe der betreffenden Nachlässe schon von vornherein fixiert ist, und es bestehen offensichtlich auch keine Zweifel darüber, daß diese Beträge als Erlösschmälerungen innerhalb der Erlösrechnung zu erfassen sind.

Eine genaue Analyse zeigt jedoch, daß in Rechnungen, die für das Fundieren und Kontrollieren von Entscheidungen geeignet sein sollen, keineswegs generell der Nominalwert von Bonus-Gutschriften in Ansatz gebracht werden darf. Denn dies ist prinzipiell nur dann richtig, wenn eindeutig feststeht, daß die Gewährung eines solchen Rabattes bei den betreffenden Kunden keine zusätzliche Nachfrage auslöst, wenn also lediglich die in Abbildung 9 mit A gekennzeichnete Primärwirkung relevant ist. In diesem Fall resultiert aus der Gutschrift tatsächlich eine entsprechende Minderung der leistungswirtschaftlichen Einnahmen, die in ihrer Wirkung einer Rückvergütung der betreffenden Beträge gleichzusetzen ist.

Zu anderen Ergebnissen gelangt man, wenn Anlaß zu der Meinung besteht, daß ein Kunde aller Voraussicht nach in Höhe der ihm erteilten Bonus-Gutschrift zusätzliche Leistungen nachfragt, die er andernfalls, wenn ihm die Gutschrift nicht gewährt worden wäre, auch nicht bestellt hätte. In den meisten Betrieben wird diese Annahme zumindest für einen Teil der Abnehmer bzw. zumindest für einen Teil der Umsätze durchaus zutreffen. Solche in Abbildung 9 mit B gekennzeichneten möglichen Sekundärwirkungen der Gewährung von Bonus-Gutschriften darf man beim wertmäßigen Ansatz der Mengen- und Umsatzrabatte im Rahmen von entscheidungsorientierten Rechnungen nicht vernachlässigen. Diese Konsequenzen sind vor allem für Unternehmungen mit nicht voll ausgelasteten Kapazitäten, also für unterbeschäftigte Betriebe, von Bedeutung, da sie in der Lage sind, die infolge der Bonus-Gutschrift zusätzlich auftretende Nachfrage ohne Verzicht auf die Herstellung anderer Produkte zu befriedigen. Für sie wirkt sich die auf Grund der Rabattgewährung zusätzlich auftretende Nachfrage allein im Anfall zusätzlicher Deckungsbeiträge aus (vgl. die mit (2) gekennzeichnete Wirkung in Abb. 9). So wie man die gegenwärtigen Umsätze mit dem Nominalwert der Bonus-Gutschrift belastet, so müßte man ihnen konsequenterweise auch die aufgrund dieser Gutschrift in Zukunft voraussichtlich zusätzlich erzielbaren Erfolge gutschreiben, für sie also letztlich eine Erlösschmälerung verrechnen, deren Wertkomponente unterhalb des Nominalwertes der Gutschrift liegt. Dagegen kann man einwenden, daß dieser Vorschlag gegen das in den Grundsätzen ordnungsmäßiger Buchführung enthaltene „Realisationsprinzip“[6] verstößt, weil er eine Antizipierung zukünftiger Erfolge vorsieht. Doch ist ein solcher Einwand hier deshalb nicht stichhaltig, weil man bei der Ausgestaltung des hier allein interessierenden internen Rechnungswesens grundsätzlich

6 Siehe hierzu vor allem *Leffson, Ulrich*: Die Grundsätze ordnungsmäßiger Buchführung, 2. Aufl., Düsseldorf 1970, S. 179 f.

nicht an die für die externe Rechnungslegung entwickelten Prinzipien gebunden ist. Der Ausweis der Erfolgselemente wird nur von Zweckmäßigkeitsgesichtspunkten bestimmt. Bedenkt man, daß das entscheidungsorientierte Rechnungswesen in erster Linie der Vorbereitung und Kontrolle von Dispositionen dienen soll, daß es also stets darauf ankommen muß zu zeigen, welche Erlöse, Erlösschmälerungen und Kosten auf bestimmte Entscheidungen zurückzuführen sind (bzw. sein werden), so gelangt man nahezu zwangsläufig zu der eben vertretenen Auffassung.

Abb. 9: Ökonomische Auswirkungen der Gewährung von Bonus-Gutschriften

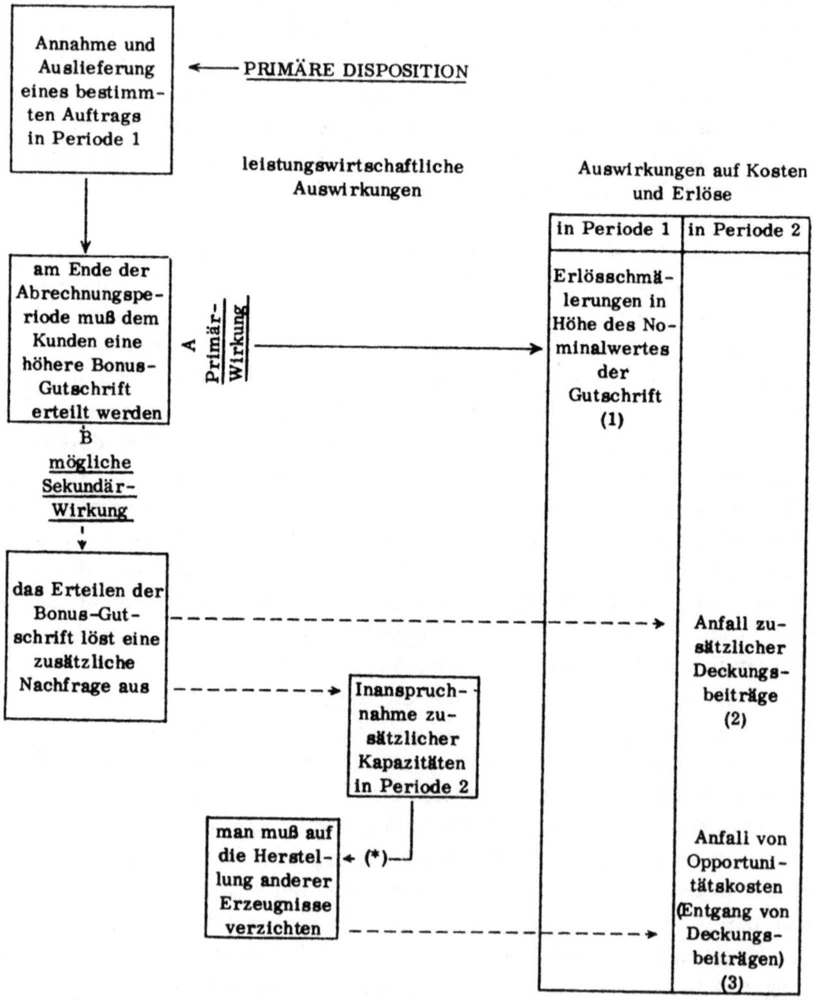

(*) nur, wenn die Kapazitäten in der betreffenden Abrechnungsperiode knapp und nicht erweiterungsfähig sind.

In vollbeschäftigten Unternehmungen, deren Kapazitäten knapp sind, ist über das bisher Gesagte hinaus zu bedenken, daß die Befriedigung einer zusätzlich auftretenden Nachfrage bei gegebenen Kapazitäten nur dann möglich ist, wenn man auf die Herstellung und den Absatz anderer Erzeugnisse verzichtet, mithin also den Entgang anderer Deckungsbeiträge in Kauf nimmt. Dies schmälert das ökonomische Gewicht der möglichen Sekundärwirkung der Gewährung von Bonus-Gutschriften, allerdings höchstens bis auf Null und nicht bis in den negativen Bereich hinein, weil man stets darauf bedacht sein wird, daß die entgehenden Deckungsbeiträge (Wirkung (3) in Abbildung 9) nicht höher sein werden als die zusätzlich anfallenden Deckungsbeiträge (Wirkung (2) in Abb. 9).
Das Abschätzen dieser Wirkungen wird in der Praxis immer Schwierigkeiten bereiten, insbesondere in Mehrproduktbetrieben, und zwar speziell dann, wenn diese ihren Abnehmern freistellen, welche Art von Waren sie zur Ausschöpfung der ihnen erteilten Bonus-Gutschrift kaufen. Da sich die verschiedenen Leistungsarten eines Mehrproduktbetriebes in der Höhe ihrer absoluten und enpaßbezogenen Deckungsbeiträge sehr stark voneinander unterscheiden können, lassen sich ex ante, solange man nicht genau weiß, welche Warenarten die fraglichen Kunden aufgrund der ihnen erteilten Bonus-Gutschrift zusätzlich beziehen werden, über die wertmäßige Höhe der hier analysierten Erlösschmälerungen keine präzisen Angaben machen. Dennoch sollte man den geschilderten Effekt aus diesem Grund nicht vernachlässigen, sondern ihn auf Grundlage von Schätzungen durch einen entsprechenden Ansatz in der Erlösrechnung berücksichtigen.
Denkt man die soeben beschriebenen Wirkungszusammenhänge zu Ende, so muß man zu dem Ergebnis kommen, daß Konsequenzen, wie sie im Vorstehenden für Rabatt*gutschriften* erläutert wurden, streng genommen auch bei einer *direkten Erstattung* der Mengenrabatte (in bar) nicht völlig auszuschließen sind, insofern als die erstatteten Beträge den Kunden ebenfalls zu zusätzlichen Einkäufen anregen können. Allerdings müssen das – anders als bei erteilten Gutschriften – nicht Einkäufe bei demselben Lieferanten sein. Daher erscheint es gerechtfertigt, diese möglichen Wirkungen zu vernachlässigen.

Literaturverzeichnis

Adam, Dietrich: Entscheidungsorientierte Kostenbewertung, Wiesbaden 1970.

Adelberger, Herbert: Die Vertriebskostenrechnung als Dispositionsgrundlage, Diss. Freiburg i. Br. 1968.

Adler / Düring / Schmaltz: Rechnungslegung und Prüfung der Aktiengesellschaft, 4. Aufl., bearbeitet von Kurt Schmaltz, Karl-Heinz Forster, Reinhard Goerdeler und Hans Havermann, Band 1, Rechnungslegung, Stuttgart 1968.

Aigner, Heinz: Preissystem und Preistechnik in der Industrie für langgezogene Stab- und Profilstähle, Eine betriebswirtschaftliche Untersuchung, Diss. Mannheim 1954.

Allgayer, O.: Die Aufwandsrechnung im Großhandel, Diss. Frankfurt/M. 1949.

Auffermann, J.D.: Die Prüfung der Kostenrechnung, Stuttgart 1947.

Bartsch, G.M.: Kontenrahmen für die Betriebe des Buch-, Zeitungs- und Zeitschriftengroßhandels, hrsg. v. Verband Deutscher Buch-, Zeitungs- und Zeitschriften-Grossisten e.V., o.O., o.J.

Batzer, Erich: Zur Bedeutung und Problematik des Funktionsrabattes, Berlin – München 1962.

Becker, Hans Dietrich: Die Anforderungen der Preispolitik an die Gestaltung der Kostenrechnung, Diss. Frankfurt/Main 1962.

Berger, Albert: Preisdifferenzierung, Diss. Köln 1933.

Beste, Theodor: Die kurzfristige Erfolgsrechnung, 2. Aufl., Köln und Opladen 1962.

Biermann, Herbert: Bestimmungsfaktoren einer optimalen Rabattstruktur, in: ZfbF, N.F., 19. Jg. (1967), H. 6, S. 392–412.

Böhm, Hans-Hermann: Dynamische Kostensenkung im Betrieb, München 1960.

Böhm, Hans Hermann: Wirtschaftliche Programmplanung nach Auftragsgrößen und Sorten durch Kalkulieren mit Standard-Grenzpreisen und Deckungsbeiträgen, in: Taschenbuch für den Betriebswirt 1960, bearbeitet von Erich Schnaufer und Gerhard Rode, Berlin – Baden-Baden 1960, S. 127–203.

Böhm, Hans-Hermann – Wille, Friedrich: Deckungsbeitragsrechnung und Programmoptimierung, 3. Aufl., München 1967.

Böhning, Karl: Möglichkeiten und Grenzen der betriebswirtschaftlichen Preisdifferenzierung, Diss. Frankfurt/M. 1952.

Boje, Axel: Auswirkungen der Mehrwertsteuer auf Organisation und Rechnungswesen, in: Die Absatzwirtschaft, 10. Jg. (1967), Nr. 20, S. 1165–1172.

Boulding, Kenneth E.: Economic Analysis, 3rd Ed., London 1955.

Buchführungs- und Kostenrechnungsrichtlinien für Ziehereien und Kaltwalzwerke, bearbeitet von C.E. Schulz, hrsg. v. der Wirtschaftsvereinigung Ziehereien und Kaltwalzwerke, Düsseldorf 1953, Anlage 1.

Buchhaltungsrichtlinien für das Graphische Gewerbe, hrsg. v. der Bundesvereinigung der Deutschen Graphischen Verbände e.V., bearbeitet v. Henning And. Krüger, 3. Aufl., Frankfurt/M. – Berlin 1965.

Churchman, C.W. – Ackoff, R.L. – Arnoff, E.L.: Operations Research, Deutsch v. E. Schlecht und F. Ferschl. Wien – München 1961.

Dürrhammer, W.: Rabatte, was sie sind und was sie nicht sind, in: Der Betrieb, 16. Jg. (1963), Nr. 2, S. 37–39.

Egler, Horst: Boni und Skonti – Kontenklassenmäßig gesonderte Erfassung in der Großhandelsstufe, in: ZfB, 20. Jg. (1950), S. 653–656.

Ehrt, Robert: Die Zurechenbarkeit von Kosten auf Leistungen auf Grundlage kausaler und finaler Beziehungen, Stuttgart – Berlin – Köln – Mainz 1967.

Ellinghaus, Ulrich W.: Die Grundlagen der Theorie der Preisdifferenzierung, Tübingen 1964.

Engels, Wolfram: Betriebswirtschaftliche Bewertungslehre im Lichte der Entscheidungstheorie, Köln und Opladen 1962.

Erweiterter Kontenrahmen für die Papier- und Pappeverarbeitung, hrsg. v. Verband der Wellpappen-Industrie e.V., Darmstadt o.J.

Fach-Kontenrahmen für das Faß- und Weinküfer-Handwerk, bearbeitet von Robert Reinert, hrsg. v. Verband des Deutschen Faß- und Weinküfer-Handwerks, o.O., o.J.

Fischer, Johannes – Hess, Otto – Seebauer, Georg: Buchführung und Kostenrechnung, 3. Aufl., Leipzig 1941.

Fiuczynski, Hans-W.: Die Produkt- und Preispolitik der Markenartikelhersteller, Freiburg i.Br. 1960.

Fiuczynski, Hans-W.: Zur Rabattpolitik der Markenartikelhersteller, in: Der Markenartikel, 23. Jg. (1961), S. 715–737.

Frischmuth, G.: Daten als Grundlage für Investitionsentscheidungen, Berlin 1969.

Fröhlich, Klaus-Georg: Preispolitik und Kalkulation im Buchverlag, Stuttgart 1964.

Für erfolgreiche Unternehmensführung im Metallhandwerk: Kontenrahmen und Buchungsschlüssel, hrsg. v. Bundesverband Metall, Lübeck 1970.

Gartner, Gerhard: Probleme und Möglichkeiten einer betriebswirtschaftlichen Ertragsanalyse, Diss. Mannheim 1960.

Gau, Eberhard: Die Kalkulation der Vertriebskosten, Stuttgart-Degerloch 1959.

Gebhardt-Seele, P.: Rechenmodelle für wirtschaftliches Lagern und Einkaufen, München und Wien 1962.

Geese, Wieland: Die Zurechenbarkeit von Steuern auf Kalkulationsobjekte – Ein Beitrag zur Behandlung von Steuern im internen, entscheidungsorientierten Rechnungswesen, Diss. Frankfurt/Main 1971.

Geist, Manfred – Doring, Jürgen – Herr, Manfred – Witt, Jürgen: Erfolgskontrolle der Auftragsgrößen – Drei praktische Beispiele von Umsatz- und Vertriebskostenanalysen, in: Schriftenreihe der Rationalisierungs-Gemeinschaft „Industrieller Vertrieb und Einkauf“, H. 8., hrsg. vom Rationalisierungskuratorium der Deutschen Wirtschaft (RKW), Berlin – Köln – Frankfurt 1967.

Gemeinschafts-Kontenplan zum Gemeinschafts-Kontenrahmen der Industrie (GKR), hrsg. v. Betriebswirtschaftlichen Ausschuß des Bundesverbandes der Deutschen Industrie, Frankfurt/M. o.J.

Griesbach, Bernhard: Rabatte – Preisnachlässe oder Preise?, in: Der Betrieb, 17. Jg. (1964), Nr. 39, S. 1363–1366.

Groenewald, Horst: Grundzüge regionaler Preisdifferenzierung – Analytische Darstellung am Beispiel eines Monopolbetriebes, Meisenheim am Glan 1968.

Grübener, Friedhelm: Die Planerlösrechnung, Diss. Köln 1966.

Grundlagen der Kostenrechnung in Metallgießereien, bearbeitet von Hanskarl Schmidt, hrsg. v. Gesamtverband Deutscher Metallgießereien e.V., Düsseldorf 1963.

Grindler, Klaus: Bei der Fakturierung steckt der Teufel im Detail – Start in die Mehrwertsteuer (LXVI), in: Blick durch die Wirtschaft vom 28.3.1968, S. 5.

Gumbel, Rudolf: Probleme einer Optimierung der Auftragspolitik im Absatzbereich der Unternehmung, in: ZfbF, 18. Jg. (1966), H. 2, S. 120.

Gutenberg, Erich: Grundlagen der Betriebswirtschaftslehre, Erster Band: Die Produktion, 19. Aufl., Berlin – Göttingen – Heidelberg 1972.

Gygax, F.G.: Preiskonditionen zur Lenkung und Steigerung des Absatzes – Eine betriebswirtschaftliche Studie, Bern 1948.

Hax, Herbert: Kostenbewertung mit Hilfe der mathematischen Programmierung, in: ZfB, 35. Jg. (1965), Nr. 4, S. 197–210.

Hax, Karl: Auftragslenkung durch Preisbildung aufgrund der Grenzkosten, in: ZfhF, N.F., 1. Jg. (1949), S. 134 f.

Heinen, Edmund: Anpassungsprozesse und ihre kostenmäßigen Konsequenzen, Köln und Opladen 1957.

Heinen, Edmund: Betriebswirtschaftliche Kostenlehre, Bd. I: Begriff und Theorie der Kosten, 2. Aufl., Wiesbaden 1965.

Heinlein, A.: Die Bedeutung von Vertragsklauseln für den Aktivierungszeitpunkt von Umsatzbonusforderungen, in: Die Information über Steuer und Wirtschaft für Industrie, Handel, Handwerk und Gewerbe, 9. Jg. (1955), S. 277–278.

Henzel, Friedrich: Die Kostenrechnung, 4. Aufl., Essen 1964.

Henzel, Fritz: Vollkostenrechnung mit gesonderten Fixkostenbeiträgen, in: ZfB, 37. Jg. (1967), Nr. 8, S. 485–502.
Hudelmaier, G.: Verbandseigene Buchführungs- und Kostenrechnungsrichtlinien – Ein kritischer Vergleich mit den Einheitsrichtlinien des BDI und den Einheitsregelungen von 1937/1939, II. Teil: Kostenrechnungsrichtlinien, Wiesbaden 1967.
Hummel, Siegfried: Wirklichkeitsnahe Kostenerfassung – Neue Erkenntnisse für eine eindeutige Kostenermittlung, Berlin 1970.
Illetschko, Leopold L.: Management und Betriebswirtschaft, Wien 1955.
Illetschko, Leopold L.: Transportbetriebswirtschaftslehre, 2. Aufl., Wien – New York 1966.
Industrie-Kontenrahmen, hrsg. v. Betriebswirtschaftlichen Ausschuß des Bundesverbandes der Deutschen Industrie e.V., Herbst 1970.
Industrie-Kontenrahmen, Ausgabe Druckindustrie, hrsg. v. Bundesverband Druck e.V., Wiesbaden 1971.
Jacob, Herbert: Produktionsplanung und Kostentheorie, in: Zur Theorie der Unternehmung, Festschrift zum 65. Geburtstag von Erich Gutenberg, hrsg. v. Helmut Koch, Wiesbaden 1962, S. 205–268.
Jacob, H. und *Jacob, M.*: Preisdifferenzierung bei willkürlicher Teilung des Marktes und ihre Verwirklichung mit Hilfe der Produktdifferenzierung, in: Jahrbücher für Nationalökonomie und Statistik, Bd. 174 (1962), S. 1 ff.
Jahn, Rolf Dieter: Umsatzvergütungen in der Bilanz und im Steuerrecht, in: Landmaschinen-Fachbetrieb, Jg. 1962, S. 266–268.
Jocksch, H.C.: Lineares Programmieren, 2. Aufl., Tübingen 1965.
Kalkulations-Rahmen für die Kostenrechnung in der Seiden- und Samtindustrie, hrsg. v. Verband der Deutschen Seiden- und Samtindustrie, Krefeld 1952.
Kern, Werner: Kalkulation mit Opportunitätskosten, in: ZfB, 35. Jg. (1965), Nr. 3, S. 133–147.
Kilger, Wolfgang: Betriebliches Rechnungswesen, in: Allgemeine Betriebswirtschaftslehre in programmierter Form, hrsg. v. H. Jacob, Wiesbaden 1969.
Kilger, Wolfgang: Flexible Plankostenrechnung – Theorie und Praxis der Grenzplankostenrechnung und Deckungsbeitragsrechnung, Köln und Opladen 1967.
Kilger, Wolfgang: Produktions- und Kostentheorie, Wiesbaden 1958.
Kinnebrock, Franz: Der Kontenrahmen für Brauereien, Nürnberg 1958.
Klimmer, A.: Die Buchführung des Großhandels – Erläuterung des Großhandelskontenrahmens mit ausführlichen Buchungsschlüsseln, Ludwigshafen/Rh. o.J.
Knoblich, Hans: Ertragsarten, in: Beiträge zur betriebwirtschaftlichen Ertragslehre, Festschrift für Erich Schäfer zum 70. Geburtstag, hrsg. v. Paul Riebel, Opladen 1971, S. 63–97.
Koch, Waldemar: Grundlagen und Technik des Vertriebs, Band II, Berlin 1950.
Köhler, Richard: Die Prämissen der Vollkosten-Trägerrechnung, in: Neue Betriebswirtschaft, 17. Jg. (1964), H. 55, S. 43 ff.
Köhler, Udo: Die Theorie der Preisdiskriminierung in dogmengeschichtlicher Sicht, Diss. Köln 1961.
Kontenplan für den Holzhandel, hrsg. v. der Vereinigung der Holzhandelsverbände e.V., Hannover o.J.
Kontenrahmen der Mörtelindustrie, hrsg. v. Bundesverband Kies-, Sand- und Mörtelindustrie e.V., Duisburg 1967.
Kontenrahmen der Schuhindustrie, bearbeitet vom Betriebswirtschaftlichen Ausschuß und Treuhand-Vereinigung AG, Frankfurt/M., hrsg. v. Hauptverband der Deutschen Schuhindustrie e.V., o.J.
Kontenrahmen für den Baustoffhandel mit Erläuterungen, hrsg. v. Bundesverband des Deutschen Baustoffhandels, Bonn 1965.
Kontenrahmen für den Nahrungsmittelgroßhandel, hrsg. v. Verband des Deutschen Nahrungsmittelgroßhandels, Bonn o.J.
Kontenrahmen für den Tabakwarengroßhandel, hrsg. v. Bundesverband Deutscher Tabakwarengroßhändler und Automatenaufsteller e.V., Köln-Lindenthal o.J.
Kontenrahmen für die Bekleidungsindustrie, hrsg. v. Bundesverband Bekleidungsindustrie, Bonn 1959.
Kontenrahmen für die Beutelindustrie, Band 1 der Schriftenreihe Vereinheitlichung des Rechnungswesens der Beutelindustrie, Ausgabe 1964, im Auftrag des Fachverbandes der Beutelindustrie e.V., vorgelegt v. Josef Mathieu und Paul Müller-Giebeler, Frankfurt 1965.
Kontenrahmen für die Fleischwarenindustrie mit Buchungsschlüsseln, hrsg. v. Verband der Deutschen Fleischwaren- und Feinkostindustrie, e.V., 2. Aufl., Köln 1967.

Kontenrahmen für die Geschäftsbuchführung in der Textilindustrie, hrsg. v. Gesamtverband der Textilindustrie in der Bundesrepublik Deutschland, Frankfurt am Main 1952.
Kontenrahmen für die Keramische Industrie, hrsg. v. Verein der Keramischen Industrie e.V., Selb 1952.
Kontenrahmen für die Kunststoffverarbeitende Industrie, hrsg. v. Gesamtverband Kunststoffverarbeitende Industrie e.V., Frankfurt a.M. 1959.
Kontenrahmen für die Zellstoff-, Holzstoff-, Papier- und Pappenerzeugung, bearbeitet von Walter Endres, hrsg. v. Betriebswirtschaftlichen Ausschuß der Treuhandstelle der Zellstoff- und Papierindustrie e.V., Köln und Opladen 1955.
Kontenrahmen sowie Kalkulations- und Kostenrechnungsrichtlinien für die Kurzwarenindustrie, hrsg. v. Fachverband Kurzwaren, Hagen 1966.
Kontenrahmen und Buchführungsrichtlinien für die Holzverarbeitende Industrie, hrsg. v. Hauptverband der Deutschen Holzverarbeitenden Industrie, Wiesbaden 1949.
von Kortzfleisch, Gert: Kostenquellenrechnung in wachsenden Industrieunternehmen, in: ZfbF, 16. Jg. (1964), S. 318–328.
Kosiol, Erich: Die Ermittlung der optimalen Bestellmengen, in: ZfB, 28. Jg. (1958), S. 287 ff.
Kosiol, Erich: Erlös, in: Handwörterbuch der Betriebswirtschaft, Bd. I, 3. Aufl., hrsg. v. Hans Seischab und Karl Schwantag, Stuttgart 1956, Sp. 1671 f.
Krasenski, Hans: Rabatte und Boni, in: Handwörterbuch der Betriebswirtschaft, Band III, 3. Aufl., hrsg. v. Hans Seischab und Karl Schwantag, Stuttgart 1960, Sp. 4519–4524.
Krebs, Hans-Joachim: Mehrwertsteuer – Erläuterungen für die Praxis mit zahlreichen Beispielen, Wiesbaden 1967.
Kronenberger, Ph.: Auftragslenkung durch Preisbildung aufgrund der „Grenzkosten“, in: ZfhF, N.F., 1. Jg. (1949), S. 502 ff.
Krügel, Hans: Preisdifferenzierung, Diss. Berlin 1936.
Krumrey, G.: Aufzeichnungspflichten und Buchungstechnik bei der Mehrwertsteuer, in: Steuerrecht in Kurzform – Lehrbuch der Buchführung und Buchführungstechnik, H. 3b, 2. Aufl., Herne / Berlin 1968.
Laßmann, Gert: Kosten- und Erlösrechnung als Instrument der Planung und Kontrolle in Industriebetrieben, Düsseldorf 1968.
Latendorf, Heinz: Der Prozeß der industriellen Ertragsbildung und seine Analyse, Berlin 1958.
Leffson, Ulrich: Die Grundsätze ordnungsmäßiger Buchführung, 2. Aufl., Düsseldorf 1970.
Lehmberg, Jürgen: Die Umsatzerlöse und ihre Erfassung, in: Kostenrechnungspraxis, Jg. 1970, Nr. 1, S. 25–34.
Löffelholz, Josef: Repetitorium der Betriebswirtschaftslehre, 2. Aufl., Wiesbaden 1967.
Männel, Wolfgang: Kann die Vollkostenrechnung durch den Ausweis „gesonderter Fixkostenbeiträge“ gerettet werden?, in: ZfB, 37. Jg. (1967), Nr. 12, S. 759–782.
Männel, Wolfgang: Kostenrechnerische Bewertungsprobleme beim Nebeneinander von Eigenfertigung und Fremdbezug, in: Zeitschrift für das gesamte Rechnungswesen, 14. Jg. (1968), H. 12, S. 269–274.
Männel, Wolfgang: Kundenskonti im entscheidungsorientierten Rechnungswesen, Herne / Berlin 1971.
Männel, Wolfgang: Möglichkeiten und Grenzen des Rechnens mit Opportunitätserlösen, in: Beiträge zur betriebswirtschaftlichen Ertragslehre, Festschrift für Erich Schäfer zum 70. Geburtstag, hrsg. v. Paul Riebel, Opladen 1971, S. 201–246.
Männel, Wolfgang: Zurechnung von Erlösen auf Haupt- und Zusatzleistungen, in: Der Betriebs-Berater, 27. Jg. (1972), Beilage zu Heft 31, S. 107–116.
Marx, August: Verbandseigene Buchführungs- und Kostenrechnungsrichtlinien – Ein kritischer Vergleich mit den Einheitsrichtlinien des BDI und den Einheitsregelungen von 1937/1939, I. Teil: Kontenrahmen und Buchführungsrichtlinien, Wiesbaden 1965.
Mathieu, Joseph – Zimmermann, Werner: Bestimmung des otpimalen Produktionsprogrammes in Industriebetrieben (Rationalisierung der Programmplanung), Forschungsberichte des Landes Nordrhein-Westfalen, hrsg. v. Leo Brandt, Köln und Opladen 1962.
Mawick, Peter: Die Konstanten in der Zielfunktion linearer Produktionsprogramme, Band 5 der Schriftenreihe des Instituts für Automation und Unternehmensforschung der Universität Freiburg / Schweiz, hrsg. v. Ernst P. Billeter, Hamburg – Berlin 1965.
Meier, Albert: Kostenprüfung, Köln und Opladen 1959.
Mellerowicz, Konrad: Die Handelsspanne bei freien, gebundenen und empfohlenen Preisen, Freiburg i.Br. 1961.

Mellerowicz, Konrad: Kosten und Kostenrechnung, I. Band, 4. Aufl., Berlin 1963.
Mellerowicz, Konrad: Kosten und Kostenrechnung, Band II, 3. Aufl., Berlin 1957.
Menrad, Siegfried: Der Kostenbegriff – Eine Untersuchung über den Gegenstand der Kostenrechnung, Berlin 1965.
Meyer, Carl W.: Grundzüge moderner Vertriebspolitik, Marketing-Maßnahmen, Berlin 1967.
Meyer, Gerhard: Die Auftragsgröße in Produktions- und Absatzwirtschaft; Bestimmungsgründe und Auswirkungen der betrieblichen Umschlagsgröße in Beschaffung („Bestellmenge"), Produktion („Losgröße") und Absatz („Auftragsgröße"), Leipzig 1941.
Michalski, Kurt: Das Prinzip der Preisdifferenzierung, Leipzig 1932.
Michel, Hartmut: Grenzkosten und Opportunitätskosten – Zur Diskussion um das Problem Voll- oder Teilkostenrechnung, in: ZfbF, 16. Jg. (1964), H. 2, S. 82–93.
Mollers, Paul: Betriebsabrechnung im Handel – Kostenstellen- und Leistungserrechnung – Ein Arbeitsergebnis der RGH, Frankfurt/Main 1965.
Müller, Herbert: Die Handhabung der Mehrwertsteuer in der Praxis, Düsseldorf 1967.
Munstermann, Hans: Bedeutung der Opportunitätskosten für unternehmerische Entscheidungen, in: ZfB, 36. Jg. (1966), 1. Ergänzungsheft, S. 18–36.
Neumann, Joachim: Die auftragsfixen Kosten – Erfassung, Kalkulation, Maßnahmen, in: Wirtschaftliche Programmgestaltung, Empfehlungen für die Praxis, H. 4, hrsg. vom Rationalisierungs-Kuratorium der Deutschen Wirtschaft (RKW), Berlin 1963.
Ohse, Hermann: Wirtschaftliche Probleme industrieller Sortenfertigung, Köln und Opladen 1963, 1. Band.
Opfermann, Klaus – Reinermann, Heinrich: Opportunitätskosten, Schattenpreise und optimale Geltungszahl – Ein Vergleich klassischer und moderner Optimalkalküle, in: ZfB, 35. Jg. (1965), Nr. 4, S. 211–236.
Pack, L.: Optimale Bestellmenge und optimale Lösgröße; zu einigen Problemen ihrer Ermittlung, in: ZfB, 33. Jg. (1963), S. 582.
Raffeé, Hans: Kurzfristige Preisuntergrenzen als betriebswirtschaftliches Problem – prinzipielle Bestimmungsmöglichkeiten von kosten-, ertrags- und finanzwirtschaftlichen Preisuntergrenzen, Köln und Opladen 1961.
Rau, Gunter – Durrwachter, Erich: Die Mehrwertsteuer, 9. Aufl., Köln 1967.
Riebel, Paul: Deckungsbeitragsrechnung, in: Handwörterbuch des Rechnungswesens, hrsg. v. Erich Kosiol, Stuttgart 1970, Sp. 383–400.
Riebel, Paul: Die Bereitschaftskosten in der entscheidungsorientierten Unternehmerrechnung, in: ZfbF, 22. Jg. (1970), H. 6, S. 372–386.
Riebel, Paul: Die Mängel der Vollkostenrechnung, in: Aufwand und Ertrag – Zeitschrift der Buchhaltungsfachleute, 10. Jg. (1964), H. 1, S. 5–9.
Riebel, Paul: Ertragsbildung und Ertragsverbundenheit im Spiegel der Zurechenbarkeit von Erlösen, in: Beiträge zur betriebswirtschaftlichen Ertragslehre, Festschrift für Erich Schäfer zum 70. Geburtstag, hrsg. v. Paul Riebel, Opladen 1971, S. 147–200.
Riebel, Paul: Grundlagen des Rechnens mit relativen Einzelkosten und Deckungsbeiträgen (II), in: Zeitschrift für Buchhaltungsfachleute, 10. Jg. (1964), H. 3, S. 53–55.
Riebel, Paul: Kurzfristige unternehmerische Entscheidungen im Erzeugungsbereich auf Grundlage des Rechnens mit relativen Einzelkosten und Deckungsbeiträgen, in: Neue Betriebswirtschaft, 20. Jg. (1967), H. 8, S. 1–23.
Rössle, K.: Die Erlösdisposition, in: Internationales Gewerbearchiv, 1. Jg. (1953), H. 2, S. 57–76.
Schäfer, Erich: Die Unternehmung – Einführung in die Betriebswirtschaftslehre, 4. Aufl., Köln und Opladen 1961.
Scheele, Walter: Verkaufsaktive Preis- und Rabattpolitik, München 1968.
Schlüter, Manfred: Preisdifferenzierung im Lichte der Marktformenlehre und Verhaltenstheorie: Ein Besprechungsaufsatz, in: ZfB, 37. Jg. (1967), Nr. 3.
Schmalenbach, Eugen: Kostenrechnung und Preispolitik, 7. Aufl., Köln und Opladen 1956.
Schmid, Lothar M.: Grundlagen und Formen der Preisdifferenzierung im Lichte der Marktformenlehre und der Verhaltenstheorie, Berlin 1965.
Schmidt, Werner: Absatzwirtschaftliche Probleme der Verpackung von Flüssigkeiten und Gasen, in: Schriften zur Chemiewirtschaft, Band 3, hrsg. v. Paul Riebel, Berlin – Heidelberg – New York 1965.
Schneider, Dieter: Die wirtschaftliche Nutzungsdauer von Anlagegütern als Bestimmungsgrund der Abschreibung, Köln und Opladen 1961.

Schneider, Dieter: Investition und Finanzierung – Lehrbuch der Investitions-, Finanzierungs- und Ungewißheitstheorie, Köln und Opladen 1970.
Schneider, Dieter: Produktionstheorie als Theorie der Produktionsplanung, in: Liiketaloudellinen Aikakauskirja (Journal of Business Economics), 13. Jg. (1964), H. 3, S. 199–229.
Schneider, Fred: Die Mehrwertsteuer im Rechnungswesen – Buchhaltung, Kalkulation und Finanzierung nach dem Mehrwertsteuergesetz, München 1968.
Schott, G.: Kontenrahmen für die Keramische Industrie, Nürnberg 1957.
Schott, Kornelius: Deckungsbeitragsrechnung in der Spedition – Eine Fallstudie zur Weiterentwicklung der Kosten-, Erlös- und Ergebnisrechnung in der Spedition unter besonderer Berücksichtigung des Sammelgutverkehrs mit Lastkraftwagen, Hamburg 1971.
Schultes, Werner: Preisdifferenzierung unter wettbewerbspolitischem Aspekt, Köln – Berlin – Bonn – München 1963.
Schulze, Hans Herbert: Auftragsabrechnung, in: Handwörterbuch des Rechnungswesens, hrsg. v. Erich Kosiol, Stuttgart 1970, Sp. 69–74.
Schwarz, Horst: Kostenträgerrechnung und Unternehmungsführung, Herne / Berlin 1969.
Sonderkontenrahmen Steinkohlenbergbau der Wirtschaftsgruppe Bergbau, Essen 1942.
Sonnemann, Kurt: Die Beschaffung, in: Moderner Ratgeber des Kaufmanns, hrsg. v. Ludwig Steinherr, München 1969, S. 192–234.
von Stackelberg, H.: Preisdiskrimination bei willkürlicher Teilung des Marktes, in: Archiv für mathematische Wirtschafts- und Sozialforschung, Bd. V (1939), S. 1–11.
Stehl, Heinz – Obermaier, Rudolf: Die Mehrwertsteuer in der betrieblichen Praxis – systematische Darstellung des Mehrwertsteuergesetzes und seiner Durchführung in Betrieb und Rechnungswesen, Wiesbaden 1967.
Swoboda, Peter: Die betriebliche Anpassung als Problem des betrieblichen Rechnungswesens, Wiesbaden 1964.
Trapp, J.: Betriebswirtschaftliche und steuerliche Besonderheiten im Kohlen- und Heizölhandel, 4. Aufl., Freiburg i.Br. 1970.
Überkapazitäten und Mismanagement bedrohen Skihersteller, in: Industriemagazin, Jg. 1972, H. 11, S. 40–44.
Vatter, J.: Limitations of Overhead, in: The Accounting Review, Vol. XX (1945), S. 163 ff.
Vischer, Peter: Simultane Produktions- und Absatzplanung – Rechnungstechnische und organisatorische Probleme mathematischer Programmierungsmodelle, Wiesbaden 1967.
Vormbaum, Herbert: Differenzierte Preise – Differenzierte Preisforderungen als Mittel der Betriebspolitik, Köln und Opladen 1960.
Weber, K.: Zur Frage der Preisdifferenzierung bei Einproduktunternehmungen, in: Schweizerische Zeitschrift für Volkswirtschaft und Statistik, Jg. 1956, S. 17 f.
Weide, E.: Beschäftigungspolitisches Instrumentarium in einem automatischen System der Fertigungsplanung, in: ZfB, 33. Jg. (1963), S. 23 ff.
Weiskopf, Konrad: Die Aufzeichnungspflichten für die Mehrwertsteuer, in: Der Betrieb, 20. Jg. (1967), Beilage Nr. 15/67 zu H. 46, S. 1–14.
Wessel, Hans-Heinz: Zusammentreffen von Skonto und Bonus, in: Der Betriebsberater, 20. Jg. (1965), S. 311 f.
Whitin, Th.: The Theory of Inventory Management, 2. Repr., Princeton / New York 1957.
Winkler, Heinz: Der Außenhandelsbetrieb und sein Kontenrahmen, Hamburg 1961.
Ziegler, Franz: Großhandel, in: Lexikon des kaufmännischen Rechnungswesens, hrsg. v. Karl Bott, 2. Aufl., 2. Band, Sp. 1298–1305.
Ziegler, Franz: Rabatt, Bonus und Skonto in Buchführung und Bilanz, in: ZfB, 25. Jg. (1955), S. 302–307.
Zimmermann, Werner: Das neue Umsatzsteuergesetz (Mehrwertsteuer), Teil I, in: Der Betrieb, 20. Jg. (1967), H. 22, S. 913–923.
Zint, W.: Doppelte Buchführung, Teil II, in: Steuerrecht in Kurzform, Lehrbuch der Buchführung und Buchführungstechnik, H. 2, Herne / Berlin 1967.

Autorenverzeichnis

Stichwortverzeichnis

GPSR Compliance

The European Union's (EU) General Product Safety Regulation (GPSR) is a set of rules that requires consumer products to be safe and our obligations to ensure this.

If you have any concerns about our products, you can contact us on ProductSafety@springernature.com

In case Publisher is established outside the EU, the EU authorized representative is:

Springer Nature Customer Service Center GmbH
Europaplatz 3
69115 Heidelberg, Germany

Batch number: 10809472

Printed by Printforce, the Netherlands